suhrkamp taschenbuch 208

Peter Handke, 1942 in Griffen (Kärnten) geboren, lebt heute in Paris. 1973 wurde er mit dem Georg-Büchner-Preis ausgezeichnet. Prosa: *Die Hornissen; Der Hausierer; Begrüßung des Aufsichtsrats; Die Angst des Tormanns beim Elfmeter; Chronik der laufenden Ereignisse* (Filmbuch); *Der kurze Brief zum langen Abschied; Wunschloses Unglück; Falsche Bewegung* (Filmbuch); *Als das Wünschen noch geholfen hat; Die Stunde der wahren Empfindung.* Stücke: *Publikumsbeschimpfung und andere Sprechstücke; Kaspar; Das Mündel will Vormund sein; Quodlibet; Wind und Meer* (Hörspiele); *Der Ritt über den Bodensee; Die Unvernünftigen sterben aus.* Gedichte: *Die Innenwelt der Außenwelt der Innenwelt.* Reader: *Prosa, Gedichte, Theaterstücke, Hörspiel, Aufsätze; Ich bin ein Bewohner des Elfenbeinturms, Aufsätze.*

Inhalt: Leben ohne Poesie; Was soll ich dazu sagen?; Die offenen Geheimnisse der Technokratie; Die Reise nach La Défense; Blaues Gedicht; Die Geborgenheit unter der Schädeldecke; Jemand anderer: Hermann Lenz; Eine Zwischenbemerkung über die Angst; Die Sinnlosigkeit und das Glück.

»Dieses Buch könnte man lesen als eine neue Erforschung der *Innenwelt der Außenwelt der Innenwelt,* Jahre später. Was hat sich verändert? The story of my life, und die Geschichten anderer.«   Peter Handke

Peter Handke
Als das Wünschen noch geholfen hat

Suhrkamp

Fotos von Peter Handke

suhrkamp taschenbuch 208
Dritte Auflage, 31.–40. Tausend 1975
© Suhrkamp Verlag Frankfurt a. M. 1974
Suhrkamp Taschenbuch Verlag
Alle Rechte vorbehalten, insbesondere das
des öffentlichen Vortrags, der Übertragung
durch Rundfunk oder Fernsehen und der
Übersetzung, auch einzelner Teile. Satz und
Druck: Nomos Verlagsgesellschaft, Baden-
Baden · Printed in Germany. Umschlag
nach Entwürfen von Willy Fleckhaus und
Rolf Staudt.

Als das Wünschen noch
geholfen hat

In den alten Zeiten, wo das Wünschen noch geholfen hat, lebte ein König, dessen Töchter waren alle sehr schön . . .

Brüder Grimm, Der Froschkönig

Leben ohne Poesie

Für A., für später

In diesem Herbst ist die Zeit fast ohne mich
vergangen
und mein Leben stand so still wie damals
als ich aus Mißmut Schreibmaschine lernen
wollte
und abends in dem fensterlosen Vorraum auf
den Beginn des Kurses wartete
Die Neonröhren haben gedröhnt
und am Ende der Stunde wurden die
Plastikhüllen wieder über die Schreibmaschinen
gezogen
Ich bin gekommen und gegangen und hätte
nichts über mich sagen können
Ich nahm mich so ernst daß mir das auffiel
Ich war nicht verzweifelt nur unzufrieden
Ich hatte kein Selbstgefühl und kein Gefühl
für etwas anderes
Ich ging und stand unentschieden herum
wechselte oft den Schritt und die Richtung
Ein Tagebuch das ich schreiben wollte
bestand aus einem einzigen Satz
»Ich möchte mich in einen Regenschirm stürzen«
und das noch versteckte ich in Kurzschrift

Vier Wochen lang hat jetzt die Sonne geschienen
und ich bin auf der Terrasse gesessen
und zu allem was mir durch den Kopf ging
und zu allem was ich sah
habe ich nur »ja, ja« gesagt

Die Tage gingen wirklich ins Land
und Freunde die sonst arbeiten
haben mich besucht und sind mit mir
auf der Terrasse gesessen
»Wir haben bei der Arbeit schon ganz auf das
Leben vergessen«
sagten sie
aber ich habe die Rolle des Lebenskünstlers vor
ihnen nicht spielen können
und sie sind von ihrem Ausflug zufriedener an
ihre Arbeit zurückgekehrt

Es war die Zeit der Natur
und nicht nur die Müßiggänger sind naturfromm
geworden
Auch die Geschäftsleute begleiteten den
Austausch von Ware und Geld
mit Worten der Unlust darüber
daß sie »an einem Tag wie heute auf das
Geschäft aufpassen« mußten
und ich glaubte ihnen dabei
(mehr als sie sich selber)

Doch als dem Mietwagenfahrer vor mir über
dem Farbenspiel in der Landschaft das Herz
aufging
habe ich ihm mürrisch vorgehalten daß es
unzulässig ist
bei Mietwagen die Anfahrt mitzuberechnen

Ich lebte in den Tag hinein und zum Tag hinaus
hatte Augen für nichts
Ich beneidete auch niemanden um seine
Tätigkeit
. nicht aus Faulheit
nicht aus Gleichgültigkeit
sondern weil mir mein Nichtstun im Vergleich
noch vernünftig vorkam
In meinem Stumpfsinn habe ich mich den
anderen überlegen gefühlt
ohne daß mir das freilich half
denn obwohl ich meinen Zustand für ein
Symptom hielt
ging es nur um mich
und darum daß ich nicht wußte was ich wollte
und daß ich den ganzen Tag nur ein schlechtes
Gefühl hatte –
Vor allem habe ich die Augen zu Boden
geschlagen
Der Kopf hat mir immer wieder die alten
Gedanken vorgespielt

»Basel SBB« las ich auf einer Zuganzeigetafel
im Hauptbahnhof
»Scheiß-Basel« habe ich sofort gedacht und bin
mit der Rolltreppe zur Post hinauf gefahren
ohne auch nur einen einzigen eigenen Schritt zu
tun

Ein warmer Tag
Eine kalte kalte Nacht
»Jeden Tag kommen meine Kinder aus dem
Kindergarten mit einem neuen Lied nach Hause«
sagte ein Nachbar
»Ich habe heute noch ein großes Programm«
sagte ein anderer Nachbar
»Je länger ich nachdenke desto sibirischer
wird der Wind der durch mein Gehirn bläst«
las ich bei James Hadley Chase

In den Zeitungen stand alles schon schwarz auf
weiß
und jede Erscheinung erschien von vornherein
als ein Begriff
Nur in den Feuilletons wurde noch aufgefordert
die Begriffe doch anzustrengen
aber die Begriffsanstrengungen der
Feuilletonisten
waren nur ein Schleiertanz vor anderen
tanzenden Schleiern

Die Romane sollten »gewalttätig« sein und die
Gedichte »Aktionen«
Söldner hatten sich in die Sprache verirrt und
hielten jedes Wort besetzt
erpreßten sich untereinander
indem sie die Begriffe als Losungsworte
gebrauchten
und ich wurde immer sprachloser

Ich hatte das Bedürfnis jemanden zu lieben
aber wenn ich mir vorstellte wie das im
einzelnen wäre
wurde ich mutlos
Im »Mann ohne Eigenschaften« bin ich bis zu
dem Satz gekommen
»Ulrich sah s i c h den Menschen an«
(Auch »den Menschen« meinte Musil
verächtlich)
da habe ich vor Ekel nicht weiterlesen können
Das war vielleicht ein Zeichen daß es mir schon
besser ging

Manchmal ist mir mein Kind eingefallen
und ich bin zu ihm hingegangen
nur um ihm zu zeigen daß ich noch da war
Vor lauter schlechtem Gewissen
habe ich besonders *deutlich* zu ihm gesprochen
Einmal habe ich es umarmt

als es in einem längeren Satz das Wort
»sondern« gebrauchte
dann wieder fuhr ich es an
weil es Schluckauf bekam

Damals im Sommer
als das Gras noch dicht und lang war
lag buntes Spielzeug drin verstreut
und jemand sagte
»Das liegt im Gras wie der Traum von einem
Kind«
(Bevor ich das schrieb
habe ich ganz innerlich lachen müssen
Aber es entsprach den Tatsachen – ohne
Begriffsanstrengung)

»Ich bin oft glücklich gewesen«
sagte eine schöne ältere Frau
die gern auf dem Teppich saß
und sich mit der Hand unter der Bluse die
Schulter strich
WIE oft?

Meine Schwester kam aus Österreich
und fing sofort an
das Haus zu putzen und aufzuräumen
Unwillig bemerkte ich wie sie mir den Tee bis
zum Rand voll schenkte

Dann ist mir eingefallen daß das alle ärmeren
Leute mit ihren Gästen so machten
und vor Traurigkeit bin ich mir fremd geworden
(Gleich darauf erlebte ich wieder
wie ich meine Mutter einmal böse angeschaut
hatte
als sie zu einer Platte der Beatles ein bißchen
den Kopf wiegte)

Ich war nicht ganz untätig
gründete mit andern zusammen einen
Kindergarten
beantragte eine Eintragung in das
Vereinsregister
aber das sind nur Ornamente meines Dösens
gewesen
wie wenn ein Kind seinen Kot auf dem Boden
verschmiert

Ich unterhielt mich auch mit einigen Leuten
wir wiederholten immer wieder was wir gleich
anfangs einander gesagt hatten
einer frischte die Erinnerungen des andern auf
ich sprach als ob ich einem Lauscher immerzu
meine Harmlosigkeit beweisen wollte
Der Hals ist mir steif geworden
und wenn mir alles über war
wendete ich mich nicht weg

sondern schaute bloß ein kleines bißchen zur
Seite
»Nun hör dir das an« sagte der Ben aus
»Schau heimwärts, Engel«
in den leeren Raum hinein
Genau so war es
und vor lauter kopflosem Reden
war ich so zerstreut daß ich nachher kein Buch
lesen konnte

In dieser eintönig strahlenden Herbstwelt
ist mir auch das Schreiben unsinnig
vorgekommen
Alles drängte sich so auf daß ich phantasielos
wurde
Vor der äußeren Pracht der Natur gab es keine
Vorstellung von etwas anderem mehr
und in den täglich gleichen Gesamteindrücken
rührte mich keine Einzelheit

»Nein ich habe keinen Wunsch« sagte ich
und so verstand ich auch nicht die Wünsche des
Kindes
Blind habe ich an den Nachmittagen immer
wieder nach dem Weinglas gegriffen
Ich durfte nicht voraus denken
Die Gedanken verkümmerten sofort
weil ich kein Gefühl dabei hatte

und fast keine Stunde verging ungezählt
»Immer noch besser als gerade verdursten«
habe ich einmal gedacht

Das Einschalten des Fernsehers am Abend habe
ich jeweils hinausgezögert
Der Vollblutpolitiker hatte seinen Blutdurst für
den Wahlkampf in ein immerwährendes
grausiges Lächeln versteckt
das für die Gläubigen franziskanisch aussehen
sollte
(Er redete auch wirklich zu ihnen wie zu Spatzen
in seinem Handteller)
und dann spielten
Schauspieler
Sänger und
Kamerabilder
dem Publikum das Paradies der Gefühle vor
in dem die Bilder der Menschlichkeit so käuflich
waren
die Herztöne so verfügbar
und die Mienen der Zuneigung so verpuppt
daß ich Stuhldrang bekam

In der Zeitung las ich den Ausspruch der Gattin
eines reichen adeligen Bankiers
»Unter dieser Regierung sind die Reichen noch
reicher geworden

Sie werden es mir nicht glauben
MEIN MANN IST SEHR BÖSE DARÜBER«
Das hat mich sinnlos aufleben lassen

Einmal saß vor mir eine Frau
so schön
und ich dachte »Ich muß ihr ganz nahe kommen
damit sich ihre
Schönheit entfalten kann«
aber als ich ihr näher kam
schrumpelte sie zusammen

Wenn ich am hellichten Tag aus der Ebene nach
Norden auf die Stadt zufuhr
war der blaue Himmel über dem Mittelgebirge
so dunkel
als ob dahinter die Nachtgrenze sei
es war eine Gewitterstimmung ohne
Gewitterwolken
bewölkte Augen bei strahlendem Sonnenschein
und die Sägen haben gekreischt daß ich dabei an
ein Unglück denken mußte
Die Kinder der Siedlung sind mit Rollschuhen
auf der Straße gefahren
»Wo ist deine Mutter?« habe ich eins im
Vorbeifahren fragen hören
»Die ist zum Großmarkt einkaufen«
Das ist mir wie ein Motto zu dem Leben hier

erschienen
und ich bin momentan ganz fröhlich geworden
Ich ging zum Telephon und rief alte Bekannte an
Die Freundinnen nach denen ich mich erkundigte
gab es schon lange nicht mehr
immer mehr lebten gerade allein
Ich hob ein paar Brösel vom Teppich auf
Draußen auf der Terrasse lag noch vom Sommer
her der Gartenschlauch im Gras
Ich stieß ein Glas Aquavit um
der kalte Aquavit rann ganz langsam
auseinander
wölbte sich an der Tischkante
ohne herunterzutropfen
aufdringlich sind überall die Fliegen gestorben
ich konnte sie sammeln und in den Papierkorb
werfen
Wenn ich den Wasserhahn aufdrehte
erwischte ich immer gerade die Chlorbeigabe
die im Zehnminutenabstand erfolgen sollte
und gegen Sonnenuntergang
als ich zum Briefkasten ging
war ich vom Asphalt so geblendet daß ich die
Hand über die Augen legen mußte
um die dunklen Entgegenkommenden grüßen zu
können
Endlich dann in der Abenddämmerung
hat an dem Giebelhaus schräg gegenüber

tröstlich gelb das EDEKA-Schild geleuchtet
und ich bin einkaufen gegangen
Der Laden war hell und still
der Kaufmann war schon am Abrechnen
die Kühltruhen brummten freundlich
und daß der Schnittlauch den ich kaufte
mit einem Gummiband zusammengehalten
wurde
hat mich fast zu Tränen gerührt
Am späten Abend
als ich in mich versunken im geräuschlosen
Zimmer saß
ertönte plötzlich die Gitarre am Boden
eine Fliege
war darübergekrochen
In der Nacht dann
schlief ich mit einer Gartenschere neben mir
Es war Vollmond
und das Kind zappelte mit zitternden Händen
schreiend in seinem Bett
Wenn ich die Augen schloß brachte ich sie nur
eines nach dem andern wieder auf
Ich hatte schon gewußt wie ich leben sollte
Aber jetzt war das alles vergessen
nicht einmal einen Furz würde ich als etwas
Leibhaftiges empfinden

»Es steht schlimm mit mir

Ich weiß so sollte man nicht aufhören
aber es geht nicht anders«
mit genau diesen Worten
– Speedy Gonzales der Begriffe –
wollte ich aufhören
schon bevor ich zu schreiben anfing
Dann mit der Schamlosigkeit
des Sich-Ausdrückens
ist das Vorausgedachte von Wort zu Wort
gegenstandsloser geworden
und wirklich mit einem Schlag
wußte ich wieder was ich wollte
und bekam eine Lust auf die Welt
(Als Heranwachsender
wenn sich ein Weltgefühl einstellte
bekam ich nur Lust etwas zu SCHREIBEN
jetzt stellt sich meist erst mit dem Schreiben
eine poetische Lust auf die Welt ein)
»Ich habe wieder ein Selbstgefühl« dachte ich
Dabei versprach ich mich in Gedanken und
dachte »Selbstgewühl«

In den letzten Tagen
ist die Natur musikalisch geworden
Ihre Schönheit wurde menschlich
und ihre Herrlichkeit auch innerlich
mit Vergnügen bin ich im Laub geschlurft
und hinter einem parfümierten Pudel

hergegangen
Die Büsche haben sich bewegt
wie wenn Manöversoldaten darunter getarnt
wären
tierisch leibhaftig standen die tiefbraunen
Fichten vor dem Fenster
und an einer Stelle inmitten der düsteren
Landschaft
flimmerten die Birkenblätter so hell wie ein
Schmerzenslaut
»Ach!« habe ich gedacht
Weiter weg zog hinter den Häusern Rauch vorbei
und die Fernsehantennen sind davor Monumente
geworden
Mit jedem Tag sah man in den Laubbäumen
mehr von dem Astwerk
die wenigen Grashalme die nach dem letzten
Mähen noch nachgewachsen waren
glänzten so innig
daß ich Angst vor dem Weltuntergang kriegte
in meinem menschlichen Widerschein lächelte
sogar der Verputz an den Häusern
»Mir tut das so weh!« hörte ich eine Frau von
den Kondensstreifen der Düsenflugzeuge am
Himmel sagen
Gegen Abend kamen die Essensgerüche aus den
Bungalowküchen
und das Kind ist jeweils sekundenlang hungrig

geworden
»In den Schatten dort muß es schon kalt sein«
Ich schrieb richtig MIT
sagte lang Verschwiegenes
und dachte dann wörtlich
»So jetzt kann das Leben wieder weitergehen«
Vom Umschalten der Ampel verschreckt
fingen die Gastarbeiterinnen
auf dem Zebrastreifen
mit herausgestrecktem Hinterteil zu rennen an
Die Ladenmädchen
in dünnen Westen
liefen mit verschränkten Armen schnell über die
Straße
Hinter dem Milchglas einer Telephonzelle
ohrfeigte eine Mutter ihr Kind
Wie stolz bin ich auf das Schreiben gewesen!

Was soll ich dazu sagen?

Vor ein paar Tagen hat jemand mich angerufen und gefragt: »Was sagst du zu dem Waffenstillstand in Vietnam?« Ich habe nichts geantwortet, nur irgendwie geflucht und von etwas anderem geredet. Was zu sagen war, wäre nicht von mir gewesen, und ich bin mir immer dann besonders fremd vorgekommen, wenn von mir verlangt wurde, etwas zu sagen, was gerade so gut auch eine Maschine hätte ausspucken können.

Ich wollte etwas zu Vietnam sagen, das von mir war, und konnte es nicht. Deswegen fühlte ich mich erpreßt und sprach von etwas anderem. Geht es mehr Leuten so? Ich glaube jedenfalls, es ist kein privater Rückzug, sondern eine allgemeine Schwierigkeit von uns Zeitungslesern und Fernsehzuschauern: unsere »persönlichen Meinungen« sind immer ganz unpersönlich. Eine erst einmal sprachlose Anteilnahme aktiviert, aber die veräußerlichte, erzwungene Stellungnahme im Kommentatorenstil macht passiv und unzufrieden mit einem selber. Aus dieser Hilflosigkeit entsteht dann eine Aggressivität, die nun wirklich »persönlich« und »von mir« ist, indem sie sich gegen meine persönliche alltägliche Umgebung richtet. Das ist MEIN Vietnam-Problem.

Einige Tage habe ich überlegt, was ich denn persönlich auf die Frage »Was sagst du zu dem Waffenstillstand in Vietnam?« hätte sagen können. Es hat mich beschäftigt, daß ich darauf nur wütend geworden war. Und dabei war ich sogar stolz auf die Wut, weil sie in diesem Moment eine wahre Empfindung gewesen war und weil wahre Empfindungen so selten waren. Schon die Friedensverhandlungen in Paris mußten ja einfach dadurch, daß sie begonnen hatten, auch ein gutes Ende nehmen; so erschienen einem die Einzelheiten, die jeweiligen Kommuniqués von der Ergebnislosigkeit, nur als Züge in einem vorausgeregelten Spiel. Ohne zynisch zu sein, kann man sagen, daß man sie in den Massenmedien mit dem gleichen Sportsgeist verfolgt hat wie das Geplänkel zwischen Bobby Fischer und den Veranstaltern vor der Schachweltmeisterschaft: einmal würde das Spiel schon klappen. Auch wenn im Fernsehen ein Gewerkschaftsführer nach erst einmal gescheiterten Lohnverhandlungen die Urabstimmung über einen Streik ankündigt, bin ich immer ganz sicher, daß man schließlich doch einig sein wird; der »Rettung in der letzten Minute« in den Filmdramen entspricht die »Einigung in der letzten Minute« in unserer Fernsehwelt. So ist der Waffenstillstand in Vietnam nicht aus der doch immer nur beschworenen menschlichen Friedensliebe entstanden, auch nicht aus der *Material*erschöpfung, sondern aus der *Bewußtseins*erschöpfung der kriegführenden Amerikaner und ihrer Fernsehzuschauer. Diese Erschöpfung des Bewußtseins tritt dann als Sehnsucht nach Frieden auf, die man mit Friedensliebe nicht verwechseln darf. »Danke fürs Mitmachen, danke fürs Zuschauen!«

Ich versuchte also, von mir aus etwas zu formulieren. Ich dachte an das Argument (oder linke Klischee?), daß die amerikanische Rüstungsindustrie auf den Krieg angewiesen sei, und las dann im Wirtschaftsteil der »Frankfurter Allgemeinen« diesen Bericht: »Die Rüstungsindustrie sieht dem Ende des Krieges in Vietnam gelassen entgegen. Sie rechnet damit, daß jetzt nicht weniger, sondern mehr Geld für neue Waffensysteme zur Verfügung stehen wird, weil weniger für Bomben, Munition, Stahlhelme und Ersatzteillieferungen draufgehen wird. Das Ende des Krieges wird mehr Geld für B-1-Bomber bedeuten. B-1-Bomber sind als Ersatz für die VERALTETEN B-52 vorgesehen.« Die Industrie also reagiert auf das Ende eines dreißigjährigen

Krieges GELASSEN. Sie wird neue Kriegsprodukte entwickeln, die für die Erhaltung des Friedens bestimmt sind. Dafür Reklame zu machen ist unnötig, weil ohnehin die Ideologie die wirksamere Reklame ist. Ich dachte: »Wird der tägliche Umgang mit Waffen, die für die Erhaltung des Friedens immer nur gepflegt statt benutzt werden, nicht notwendig wieder, nachdem sich das erschöpfte Bewußtsein erholt hat, Lust zu Aggressivität machen? Werden nicht die täglichen Handgriffe, die täglichen Pantomimen für den Ernstfall dem Bewußtsein eintrichtern, daß man als Soldat usw. seine Existenz nur mit der Möglichkeit eines solchen Ernstfalles rechtfertigen kann?« Die Rüstungsindustrie ist also nicht auf den Krieg angewiesen, sondern darauf, daß man sich den Frieden noch immer nur als Nach- und Vorkrieg denken kann. Daneben warten die Adventisten immer wieder lächerlich auf den Weltuntergang – nur weil sie keine Industrie haben, die jeweils dafür vorgesorgt hat.

Heute bin ich wieder angerufen worden. Eine fremde Frau wollte wissen, was ich von Hitler hielte und ob ich es richtig fände, daß Rudolf Heß immer noch eingesperrt sei? Als ich nichts, gar nichts antworten konnte, sagte sie mir ihre eigene Meinung. Sie redete sehr lange, ohne auf mich zu achten. Als sie fertig war, bedankte sie sich, daß ich ihr zugehört hatte, und legte wieder auf.

Die offenen Geheimnisse
der Technokratie

Bis vor wenigen Jahren habe ich fast immer nur zu Boden geschaut. Wenn ich etwas lese, was ich ganz früh geschrieben habe, habe ich das Gefühl von einem Menschen mit gesenktem Blick, so viel auf der Erde Liegendes kommt darin vor, und so viel Kleines. Ein weggeworfener Handschuh, die vom Tau beschlagene Zellophanumhüllung einer Zigarettenschachtel, Hände im Schoß ohne die Gesichter dazu ... Das alles sah ich als *Zeichen* für das, was ich nicht sah – für die monumentalere Fremdheit der menschlichen Lebensäußerungen, die sich in der Umwelt, wenn auch nicht so poetisch verschlüsselt wie in dem Anblick eines angebissenen Apfels in einem Kanalgitter, in den Bauten und Straßenfluchten gezeigt hätte, wenn ich nur schon hätte aufblicken können. Heute erst weiß ich, daß dieses Wichtignehmen von Kleinigkeiten auf dem Boden nicht möglich gewesen wäre ohne den Reflex, der mich vor der Übermacht der verbauten Natur weiter weg zurückschrecken ließ. Der gesenkte Blick war nichts als eine Abwehrbewegung vor so viel menschenverdrängenden An-

blicken. Ich möchte jetzt, da ich allmählich auf-
zublicken gelernt habe, in ersten Andeutungen
über Architektur, über Wohnungen und Wohn-
landschaften schreiben . . .

Das Märkische Viertel in Berlin ist eine im Auftrag des Berliner Senats geplante Stadtrandsied-
lung mit inzwischen über 50 000 Bewohnern.
Wenn man mit der S-Bahn fährt, muß man in
einen Bus umsteigen und nähert sich nach einer
Stunde Fahrt, nachdem man sich schon aus der
Stadt heraus geglaubt hat, plötzlich einer Siedlung aus einer anderen Welt.

Als ich zum ersten Mal dort war, standen zu
beiden Seiten der Straße unabsehbar die Hochhäuser im Nebel. Die Häuser waren bunt, jedes
in einer anderen Farbe. Auf eine gelbe Fläche,
eine Fläche wie ringsum die andern, war ein
riesiges Posthorn gemalt, an das ich mich besonders erinnere. Ich stieg aus und ging wie im
Traum in ein offenes Tiefgeschoß, in dem ein
paar Autos parkten und wo es sehr windig war.
Mit einem engen Lift, in dem sich sofort doppelte
Türen schlossen, fuhr ich bis ins oberste Stock-
werk hinauf. Der Lift war neu, aber schon von
oben bis unten mit Flüchen und Sexualsymbolen
bekritzelt. Ich ging durch die Flure; aus vielen
Wohnungen hörte man die Fernsehapparate, obwohl es erst mitten am Nachmittag war. Ganz

oben war eine Plattform, von der ich auf das Märkische Viertel hinunterschaute: ab und zu kreuzten einander Autobusse, Autos fuhren kaum, da die Männer drinnen in der Stadt arbeiteten und nur wenige Frauen hier Zweitwagen hatten. Außer einem Betrunkenen neben einem fahrbaren Würstchenstand sah ich weit und breit keine lebende Seele. Ich aß dann unten ein Paar Frankfurter und fuhr mit dem nächsten Bus zurück. Das nächste Mal war ich zu Besuch bei jemandem, der dort wohnte. Er hatte eine Wohnung, die über zwei Stockwerke ging; das Auf- und Absteigen machte den Aufenthalt darin sehr theatralisch – statt einfach in einen anderen Raum zu gehen, trat man dort, indem man Stufen herabkam, richtig auf, wie ein Schauspieler. Dem entsprach auch das Unselbstverständliche, Zeremonielle der Lebensäußerungen in dem Hochhaus: jede alltägliche Handlung wurde darin zum Ritual – Trinken, Essen, Fernsehen, selbst das Sitzen und Aus-dem-Fenster-Schauen. Für eine Fußballübertragung im Fernsehen erwartete der Bewohner zum Beispiel gerade Besucher und hatte auch schon einen »Kasten Bier« bereitgestellt. Mich bewirtete er mit sorgfältigen Gesten, die auf sich selber aufmerksam machen sollten. Daß er den Schinkenhäger etwa mit einer dicken Gefrierschicht um die Flasche aus dem

Tiefkühlfach holte und daß er auch die Gläser vorher gekühlt hatte, das spielte er richtig vor. »So muß es sein«, sagte er immer wieder. Die Lebensvorgänge der Familie schienen mir überhaupt aus solchen isolierten Zeremonien zu bestehen. Sicher war das woanders ähnlich – aber so formalisiert und überdeutlich wie in diesen Wohnverhältnissen, wo man die Alltagshandlungen zu Ritualen machen mußte, um die Illusion vom Anschluß an die Außenwelt zu behalten, hatte ich die Ratlosigkeit darüber, am Leben zu sein, noch nie erfahren. Es war, wie wenn sich ein Verzweifelter besonders schön anzieht. Ich ging dann noch zum Ladenzentrum des Märkischen Viertels, wo es Gaststätten, Warenhäuser, eine Buchhandlung und ein Kino gab. Im Kino war es voll von Kindern ... In der Gaststätte kegelte ich ein bißchen auf der Bowlingbahn. Es war Nachmittag, aber auf den Tischen standen schon überall Schilder, wer sich für den Abend zum Bowling angemeldet hatte. Alles war inszeniert ... Wie konnten die Leute in dieser Umgebung auch spontan sein? Die Wege der Hausfrauen waren täglich gleich, die Kinder hingen tagaus, tagein an den paar Turngeräten der Kindertagesstätte ... Dazu paßte auch, daß hier eine Theatergruppe umherzog, den Leuten ihr Leben vorspielte, die Kinder es nachspielen ließ

– in einer anderen Umgebung wäre eine solche Lebensinszenierung nicht nötig gewesen. Das Seltsame an dem allen aber war, daß ich mich darin wohlfühlte. Mit einer fast obszönen Neugier ging ich stundenlang zwischen Schutthalden und farbigen Hochhäusern umher. Ich war tief verschreckt, es grauste mir – aber ich wollte nicht weg. Es kam mir vor, als hätte mein Bewußtsein endlich den äußeren Ort gefunden, der ihm im Innern entsprach.

Ganz deutlich wurde mir das, als ich vor einigen Monaten in La Défense war, einem Wohn- und Büroturmviertel am westlichen Rand von Paris. Ja, das ist es jetzt vollständig, dachte ich. Es war wie das Gelobte Land, aber nicht in dem Sinn des Paradieses, sondern in dem Sinn, daß sich der Zustand der Welt endlich unverstellt und unverlogen zeigte. Aus einer riesigen Metrostation kommt man über mehrere Rolltreppen auf eine weite, steinerne Plattform, an deren Rand schon überall die Häusertürme stehen, viele noch in Bau. Eine Stunde blieb ich da fast bewegungslos stehen. Irgendwo auf der Plattform stand eine kleine rote Pommes-frites-Bude. Jede Viertelstunde war in einem anderen Bürohaus Arbeitsschluß, und immer wieder gingen von allen Seiten die Leute eilig von weitem über die Steine hin zu den Rolltreppen. Alle gingen aber hinter-

einander, auf einer imaginären Linie, in Einer-
reihen. Sie schienen einem Weg zu folgen, den
ich nicht sehen konnte. Immer wieder näherten
sich aus verschiedenen Richtungen diese Men-
schenzüge und verschwanden auf der Rolltreppe,
wie in einem Zeichentrickfilm. Als mir kalt
wurde, ging ich auf dem Plateau umher und
kam zu einer kleinen Umzäunung: und dahinter
wuchs Gras! Ich schaute hin und bemerkte, daß
es sich um verschiedene winzige Grasbeete han-
delte, jedes mit einem Schildchen besteckt, auf
dem die Namen der Grassorten standen. Auf
diesem Fleck am Rand der Steinplattform hatte
man alle Grassorten Europas und Afrikas versammelt und im Angesicht der Hochhäuser zur
Besichtigung ausgestellt ... Ich ging zu den
Hochhäusern. Auf den Fußgängerüberwegen
blieb ich stehen und schaute hinunter, wo ab
und zu eine Mutter ihren Kinderwagen durch
den Schlamm neben der Autostraße schob. Eine
Musterwohnung mit dem poetischen Namen
»Eve« stand im Dreck zur Besichtigung, ein
Quadratmeter 2800 Francs. Einige Häuser waren schon bewohnt, sie hatten große Innenhöfe,
durch die Passagen pfiff der Wind. In einem
Innenhof sah ich auch einen Kinderspielplatz:
er bestand nur aus einem quadratischen Sand-
kasten, zwanzig mal zwanzig Meter. Zwei Kin-

der saßen dösend darin. Es gab ein Schnellkauf-
geschäft, das »Quick food« hieß. An einer Snack-
Bar mit Sandwiches und dergleichen stand trau-
rig mit altfranzösischen Buchstaben: »Brasse-
rie«. In einem Bankraum, in den ich trat, mußte
sich der Angestellte erst räuspern, weil so lange
kein Kunde mehr gekommen war. Ich schaute
lang die Hochhäuser hinauf. Auch sie waren
bunt gemalt, wenn auch geschmackvoller als die
im Märkischen Viertel. Fast überall waren die
Vorhänge vor. Die meisten Küchenfenster waren zur Hälfte verstellt von den Kühlschränken,
die auf den Tiefkühltruhen standen. Es ist vielleicht auch ein unfreundlicher Tag, dachte ich —
aber auf einmal konnte ich mir da keinen freund-
licheren vorstellen. Nach einiger Zeit fiel mir
auf, daß ich dachte: Vielleicht ist es gar nicht so
schlimm, vielleicht gewöhnt man sich daran . . .
Das war der Gedanke, der mich am meisten erschreckt hat.
La Défense müßte eigentlich Sperrzone sein —
weil da die Geheimnisse der technokratischen
Welt sich ganz unverschämt verraten. Ein Sta-
cheldraht gehört ringsherum und Schilder »Fotografieren verboten«. Aber die verantwortlichen
Unmenschen in ihren menschenwürdigen Umge-
bungen sind sich schon zu sicher. Geil lassen sie
auf den Tafeln vor den Hochhausunterschlupfen

ihre Namen leuchten: Bank von Winterthur, Chase Manhattan Bank, Siemens, Esso ...

Die Architekten und Planer sollen sich inzwischen von ihren eigenen Entwürfen distanzieren, hört man.

Was ist das, ein Architekt?

DIE REISE NACH la défense

22.2. 1974

Hier sind wir eingestiegen.

Hier sind wir ausgestiegen.
Einige Rolltreppen führen aus der Métro-Station La Défense ans Tageslicht.

Wie viele Rolltreppen steht auch diese gerade.
Arrêt momentané.

Das ist das Plateau, auf dem ich damals über eine Stunde bewegungslos gestanden habe.

PLATEAU DE FROMAGES steht auf der
Glanzpapier-Speisekarte im Schnell-Restaurant.

Hinter dieser Aufschrift sind die kleinen Grasbeete mit den Grassorten aus aller Welt. Einige
Grassorten sind inzwischen eingegangen.

Auf diesen »Buildings« wäre zu lesen:
ESSO, Crédit Lyonnais . . .

Hier befinden wir uns zwischen den Wohn-Buil-
dings. Natürlich ist es ein grauer Tag. Zwischen
den Häusern ist viel Grün.

Was ich nicht fotografieren wollte: die Mütter
mit den Kinderwagen, die Büroangestellten auf
dem Weg zum QUICK FOOD, die malerischen
Überreste von kleinen alten Häusern im Vordergrund mit den Türmen im Hintergrund ...

. . . auch nicht die Frau, die in einem Innenhof am Fenster stand und gedankenverloren das Essen kochte, die Gummibäume im Restaurant, wo wir zu Mittag aßen, den Architekten, der mit eingerollten Plänen unter dem Arm über das Plateau ging.

Der riesige Kinderspielplatz ist inzwischen mit
hölzernen Kletterpyramiden ausgestattet, alle
gleichförmig, »rhythmische Bewegung im Raum«.
Der Freund sagte, sicher hätte ein BILDEN-
DER KÜNSTLER die Pyramiden errichtet.

Die Halle der Métro La Défense ist sehr groß. Es gibt dort Kinos, ein Drugstore (Drügstore, hört man in Tati's »Playtime« jemand auf Französisch sagen), eine METRO-BAR.

Am Abend, wenn fast niemand mehr wegfährt und niemand mehr ankommt, ist diese unterirdische Halle leerer als ein Schwimmbecken, aus dem man das Wasser abgelassen hat.

Und wenn man gegen Mitternacht aus einem der Kinos kommt, schaut man oben, von einer Brüstung, in die Leere hinunter; durch die noch immer laute Kaufhaus-Musik schallt; wo sich unablässig die leeren Rolltreppen bewegen.

Arrêt définitif.

Blaues Gedicht

für B.

Tief in der Nacht
wurde es schon wieder hell
Von außen her eingedrückt
fing ich bei Bewußtsein
zu klumpen an
Gefühllos zuckte das Glied
sich von Atem zu Atem
größer
»Nur jetzt nicht aufwachen!« dachte ich
und hielt den Atem an
Aber es war zu spät
Die Unsinnigkeit war wieder angebrochen

Noch nie fühlte ich mich so
in der Minderheit
Draußen vor dem Fenster
war nichts als die Übermacht
Zuerst sangen ein paar Vögel
dann so viele
daß aus dem Singen
Lärm wurde
die Luft ein Schallraum
ohne Pausen und Ende

Vor Bedrückung
gab es plötzlich keine Erinnerung mehr
keinen Zukunftsgedanken
Ich lag langausgestreckt in meiner Angst
getraute mich nicht
die Augen zu öffnen
erlebte wieder die Winternacht
als ich mich kein einziges Mal
von der einen Seite
auf die andere drehte
gekrümmt damals in der Kälte
jetzt ausgestreckt
analphabetisch von der Entsetzlichkeit außer
mir –
Die Luft
wie hoch sie schrillte!
Und dann
auf einmal
vor dem Fenster ganz nah
ein tieferes Pfeifen im Vogellärm
eine Musicboxmelodie –
»Ein Mensch!« dachte ich
buchstabierend vor Todesangst
und schmorte zusammen
ohne mich zu bewegen
»Der von dem wesenlosen Monstrum zu
Ermordende
im menschenleeren Vormorgenlicht . . .«

Angstschwaden stiegen auf von der Kellertreppe
und die VERNUNFTSPERSON in mir
horchte:
die Melodie wiederholte sich
wiederholte sich –
»So eintönig pfeift kein Vogel
das Unwesen will mich verhöhnen
es grinst
mit stockschwarzen Lippen«
dachte ICH
Das Licht
wenn ich blinzelte
hatte eine Farbe aus der Zeit
als ich noch an die Hölle glaubte
und das pfeifende Monster vor dem Fenster
schüttelte lautlos die Handgelenke
als ob es nun Ernst machen wollte
»Sang das damals nicht Freddy Quinn?«
dachte ich
»Welcher Vogel nur?« die Vernunftsperson
Dann erwachte das Kind nebenan
und rief
daß es nicht schlafen könne
»Endlich!« sagte ich
ging zu ihm
und beruhigte es
voll Egoismus
Eine Garagentür schlug

der erste Frühaufsteher mußte zur Arbeit
Am Abend des folgenden Tages fuhr ich weg

Die ungeebneten langhügligen Plätze
in der großen zierlichen Stadt
diese Wiederholung des freien Landes
mit seinen Hügelhorizonten
inmitten der Häuser
das in die Stadt hinein
auf diese Plätze
fortgesetzte Land
in dem man wie sonst nirgends
die Horizontsehnsucht kriegte . . .
Wenn ich aus den Untergrundschächten stieg
war es in diesem Stadtteil
düster von Regenwolken
und im nächsten
waren schon die Laternen an
Aus dem Bauch herauf
strahlte ein Lebensgefühl
daß ich auflachte
Stunden vergingen in den Straßencafés
beim Biertrinken
Ich schaute
und erinnerte mich
erinnerte mich schauend
schaute
ohne mich zu sehnen

auch die Erinnerung
ohne Sehnsucht
Ich wollte nichts fixieren
ging in kein Kino
blieb auf der Straße
blinzelte
sooft ich vor Schauen
begriffstutzig wurde
Aber ich konnte schauen und schauen
ohne sprachlos zu werden!
Jeden ließ ich gelten
und verstand ihn –
da jeder mir fremd war
Ich hätte mich sogar
mit meinem Mörder verständigen können
Er war mein Ebenbild
Unaufhörlich erschienen weit weg
neue Autos
aus der Tiefe des buckligen Platzes
der Abendhimmel war so blau
daß mir selbst der aufs Trottoir scheißende
Hund
verzaubert vorkam
Ich schüttelte ungläubig den Kopf
auf einmal war ich DAS OBJEKTIVE
LEBENDIGE
Seltsam vergessen lag das Glied
zwischen den Beinen

Aus der tiefsten Tiefe
stieg die Freude herauf
und ersetzte mich
»Ich bin glücksfähig!« dachte ich
»Beneidet mich doch!«

Tagelang war ich außer mir
und doch so
wie ich sein wollte
Ich aß wenig
trank wenig
sprach nur mit mir –
bedürfnislos vor Glück
vor Neugier nicht ansprechbar
selbstlos
und selbstbewußt
in einem
das Selbstbewußtsein
als das INNIGE
an der Selbstlosigkeit
ich
als beseelte Maschine
Alles geschah zufällig:
daß ein Bus hielt
und daß ich einstieg
daß ich bis zur Gültigkeitsgrenze der Fahrkarte
fuhr
daß ich durch die Straßen ging

bis die Gegend anders wurde
daß ich in der anderen Gegend weiterging
Ich lebte
wie es kam
ZÖGERTE nicht mehr
reagierte UNVERMITTELT
erlebte nichts BESONDERES
– kein »Einmal sah ich« –
erlebte nur
Die Katzen schnüffelten in den Mausoléen
der großen Friedhöfe
Sehr kleine Paare saßen in den Cafés
und aßen gemeinsam Salade Niçoise . . .
Ich war in meinem Element
glucksend

Aber in den Träumen
war ich noch nicht interesselos
Nachzüglerische Schleimspur
des Schneckenmenschen
Ich schämte mich nicht
ärgerte mich nur
Ich versetzte mich in Wunschlosigkeit
indem ich viel trank
Die zuckenden Wimpern wurden lästig
Die Vorbeigehenden waren Statisten
die sich wie Hauptdarsteller verhielten
»Levi's-Jeans-Menschen!« dachte ich

»Werbeflächenkörper!«
– »Womit schon alles über euch gesagt ist«
dachte ich
ohne die frühere Sympathie
Aus Mißmut wurde ich äußerlich
Was ich nur sah
glaubte ich auch zu betasten
so haarig
und widerborstig
kam es mir vor
Als ich einmal bezahlte
kräuselte sich der Geldschein
im Atem des Verkäufers
wie die Raupe
auf einer Herdplatte
Ich fühlte mich in meiner Haut
nicht wohl
es juckte überall
Ich schwitzte nicht mehr so unbekümmert
Die Gesichtszüge
an den falschen Stellen . . .
Und die vom Hundedreck
verschnörkelten Boulevards . . .
»Welche Zumutung
von euch aus Afrika importierten Burschen
mit solch animalisch abwesenden Augen
vor mir den Rinnstein zu kehren!«
Ich gab auf

und fuhr weg in eine andere Stadt
wo ich Freunde hatte

Empfindungsloser Transportgegenstand
in Transportmitteln
Selbstvergessen
bis auf die Geruchsanfälligkeit der Hand
für die Butter
und den wie schon seit jeher so liegenden
Aufschnitt
unter dem Plastikdeckel
und für das Erfrischungstuch!
Umsorgt
ja
als jemand Zahlender
Behaustheit
ja
eines Teils einer Einheit
Immerhin:
eine ANDERE Unsinnigkeit
ohne Todesangst
Mein Herz schlug niemandem entgegen
und die Stadt war mir wieder fremd
vor lauter vertrauten Wahrzeichen
Ab acht Uhr abends
waren schon die Haustore zu
und ich telefonierte
um hineinzukommen

In der dunklen Wohnung des Freundes
saß ich geistesabwesend
mit summenden Ohren
und hörte die seelenlose eigene Stimme
Im Glück konnte ich mich nur ans Glück
erinnern
im Unglück nur ans Unglück
Apathisch erzählte ich
wie gut es mir gegangen war

Dann
redeten wir über das Vögeln
Aus den sexuellen Ausdrücken
gewannen wir die Ungezwungenheit
für alles weitere
Dazukommende begrüßten wir schon mit
Anzüglichkeiten
und sie verloren befreit
ihre Fremdheit
In den Vorstadtweinhäusern
noch während wir eintraten
setzten wir unsre Phantasien dort fort
wo wir sie beim Parkplatzsuchen
unterbrochen hatten
Alles ohne Geilheit
In den Oberdecks der Busse
schmunzelten die wildfremden Leute
wenn sie uns zuhörten

und fühlten sich heimisch bei uns
Welcher Exhibitionismus
sobald einer von uns
plötzlich von etwas anderem sprach!
Aber es gab immer jemand
der im vermeintlich anderen
die Anspielung auf das Geschlechtliche fand . . .
Dabei sprach niemand von sich
wir phantasierten nur
nie die Peinlichkeit wahrer Geschichten
Wie da die Umwelt aufblühte
und die Lust an nichts als der Gegenwart:
die Herzlichkeit des sauren Weins in den
zylindrischen Gläsern
Nur nicht aufhören
bitte nicht aufhören!
In den Zoten
ordneten sich die unbeschreiblichen Einzelheiten
der finsteren Neuzeit
zu ihrem verlorenen Zusammenhang
Hallo
der Sinn ist wieder da!
Endlich nicht mehr um Mitternacht
mein bekümmertes Gesicht sehen zu müssen
Auch alleingelassen
saß ich wohlbehütet
in meinen Nachgedanken
Ruhig betrachtete ich

die weggestreckte Ferse
die vom Herzschlag zuckte
Ich fühlte mich wohl
indem ich nichts von mir fühlte
»Mein Schwanz« sagte ich
unpersönlich

Dann wurde es ernst
und der Ernst kam so jäh
daß ich mich gar nicht
gemeint fühlen wollte
Dann wurde ich neugierig
dann rücksichtslos
Ich würde mit einer Frau auf die nächste Toilette
gehen
Aus die Tändelei
keine Zoten mehr
keine Pointen
statt »vögeln« sagte ich jetzt
»mit dir schlafen«
– wenn ich überhaupt etwas sagte
Ich schnitt die Fingernägel rund
um dir nicht allzu weh zu tun
In der Geilheit
konnte ich plötzlich nichts mehr
beim Namen nennen
Davor hatte sich in dem Unverfänglichsten
eine Metapher für Sexuelles gefunden

jetzt
beim Erleben
erlebten wir die sexuellen Handlungen
als Metaphern für etwas anderes
Die Bewegungen erinnerten mich
an was?
Die Geräusche waren wie Geräusche aus der
Dingwelt
Es roch nach . . .
Ich brauchte gar nicht die Augen zu schließen
um ganz andre Vorgänge zu erleben
als ich sie vor mir hatte
und die »wirklichen« Bilder dabei zu beschreiben
die »Tatsachen«
das wäre beliebig
denn tatsächlich
waren nur die »anderen« Bilder
in die mich die »wirklichen« mehr und mehr
einwiegten
und die »anderen« Bilder
waren keine Allegorien
sondern durch das Wohlgefühl
befreite Augenblicke
aus der Vergangenheit
– wie ich mich jetzt gerade
an einen Igel im Gras erinnere
mit einem Apfel
der in den Stacheln steckte

Zeichen
mit dem Atem aus der Tiefe des Bewußtseins zu
holen . . .
So konnte ich zärtlich sein
ohne zu lieben
und die Haut an den Fersen
der blasse Nabel
und das selige Lächeln
waren kein Widerspruch
und jedes für sich Einzelne
verschränkte sich ineinander:
die Blätter vor dem Fenster
das sich wach singende Kind
ein Fachwerkhaus in der Dämmerung
das helle Blau an den Bildstöcken
aus der Zeit
als man noch an die Ewigkeit glaubte
»Ja, schluck das!«
»Schönheit ist eine Art der Information« dachte
ich
warm von dir
und von der Erinnerung
»Du zwingst mich
so zu sein
wie ich sein will« dachte ich
Zu existieren
fing an
mir etwas zu bedeuten –

Nicht aufhören!
Ich stockte soeben
als ich merkte
wie jäh das Gedicht zu Ende ging

Die Geborgenheit unter der Schädeldecke

Für Ingeborg Bachmann

Wie wird man ein politischer Mensch? Die Dunkelheit ist jetzt wieder finsterer als noch vor zwei Monaten, der Fußboden in dem Raum, wo man sich befindet, abschüssig. Kein Aha – es handelt sich nicht nur um eine Ausgeburt des Bewußtseins: Als ich eine Wasserwaage auf den Boden legte, rutschte die Blase darin aus der Mitte, der Boden war tatsächlich schief. Auch die Kochplatte in der Küche ist so schräg, daß das Öl in der Pfanne sofort in eine Richtung zusammenläuft. Gauner, Betrüger! dachte ich und meinte die Baufirma. Die Reklamationsbriefe, auf die ich nie eine Antwort bekomme, beginne ich immer mit »Sehr geehrte Herren . . .« und erinnere diese dann höflich, in der Meinung, das gehöre zur Verständigung. Einmal schrieb ich von »meinem Rechtsanwalt« und warf den Brief weg, als ich mir dabei das Grinsen der Herren vorstellte. Ich habe keinen Rechtsanwalt.

Die Dunkelheit jetzt ist wieder die Finsternis aus der Kinderzeit. Man sitzt allein in einem Raum, man selber ist in Sicherheit, aber es fehlt noch der, den man am liebsten hat. Vor Angst werdet ihr müde, und diese Müdigkeit ist der sprachlose, innerste Schmerz. Kein erleichtertes Aufspringen aus einem Gedankenspiel mehr; schwere und rundum erstarrte Gedankenlosigkeit.

Diese Müdigkeit ist nicht die gewöhnliche Müdigkeit, sie ist eine Art des Schmerzes, es sind die Schmerzen der Angst. Jemand erzählte, wenn er aus dem Geschäft nach Hause komme, müsse er sofort den Fernseher einschalten, um nicht auf der Stelle einzuschlafen. Vor zwei Monaten glaubte ich noch, ich brauche das Fernsehen nicht mehr, aber jetzt, kaum daß es finster wird, schalte ich es oft wieder an. Die fertigen Bilder vor Augen, die künstlichen Stimmen im Ohr, denke ich ähnlich wie Anzengrubers Steinklopfer Hans auf der Wiese: »Mir kann nichts mehr passieren!« Die Nachrichten beginnen jetzt eine halbe Stunde früher seit ein paar Wochen; das ist der Grund, daß die Kinder zeitiger schlafen gehen müssen. »Jetzt kriege ich sie eine halbe Stunde früher ins Bett«, erzählte jemand. Auf den Straßen hört man die Kinder Deutschlands lachen wie Ernie aus der Sesamstraße. Warum ist es so befremdend, eine in jeder Einzelheit politische Existenz zu führen? »Geht einmal nach Darmstadt und seht, wie die Herren sich für euer Geld dort lustig machen, und erzählt dann euern hungernden Weibern und Kindern, daß ihr Brot an fremden Bäuchen herrlich angeschlagen sei ...« Das kann man als Zitat aus der Vergangenheit holen, aber es jetzt selber zu sagen, würde die Herren nur wieder ergrinsen lassen.

Vor dem Fernseher saß ich und versuchte etwas zu meinen, doch nur sprachlose einzelne Wörter stießen sich an der Schädeldecke. Wenn ich Nixon sah, dachte ich »Gangster!«; wenn ich die chilenischen Generäle sah, dachte ich: »Banditen!« Zugleich kam es mir lächerlich vor, wenn jemand das aussprach. Andererseits waren die Kommentare, die ich las, nur eine Version des »Sehr geehrten Herren ...«. Folgendes hätte ich sagen können, ohne daß ich dabei künstlich geworden wäre: »Gauner! Banditen! Mörder!« Das hätte ich auch gemeint. Alles weitere gehörte dann schon zu der Fiktion von Verständigung. Ich sagte nichts. Aber auf einmal kamen mir die, die es doch aussprachen, nicht mehr nur lächerlich vor: Sie sprachen ihre Sprachlosigkeit aus, ich verschwieg sie. Und dann war es selbstverständlich: Ja, Nixon *ist* ein Gangster, die chilenischen Generäle *sind* Banditen, die portugiesischen Soldaten von Wiriyamu in Mozambique *sind* Mörder. Du, Bauunternehmer, bist ein Gauner. Das ist nicht ausgewogen? Ausgewogen formuliert die *Frankfurter Allgemeine:* »Bei stundenlanger Beobachtung des Mienenspiels Allendes erschien der Charakter unklar und deshalb dubios.«

Was ist politisches Denken? Politische Aktionen habe ich immer nur verfolgt wie Sportreportagen; betroffen fühlte ich mich jeweils erst dann, wenn die Politik blutig wurde. Und von jeher fühlte ich mit den Opfern: Beim Anblick von Opfern erschien mir meine frühere Parteinahme für eine Ideologie nur mehr als sportliches Daumenhalten. Auch das sei Ideologie, sagt man. Ein dialektischer Sprung wäre nötig, dann würde ich zwischen Opfern und Opfern unterscheiden können. Ich sehe, daß dieser Sprung »vernünftig« ist, und in jedem Gespräch vollziehe ich ihn auch, aber sobald die Opfer leibhaftig werden, mache ich ihn rückgängig. Das ist der Grund, daß ich bis jetzt unfähig bin, eine in jeder Einzelheit politische Existenz zu führen. Es gibt eine Dialektik, die nichts anderes als weltvergessene Routine ist.

Seit ich mich erinnern kann, ekle ich mich vor der Macht, und dieser Ekel ist nichts Moralisches, er ist kreatürlich, eine Eigenschaft jeder einzelnen Körperzelle. Vor vielen Jahren schlug mich ein Lehrer mit dem Geigenbogen, und jetzt möchte ich aufspringen und ihm den Bogen zerbrechen. Im Internat, als ich einmal an der Reihe mit dem Vorbeten war und, obwohl mir der Kopf heiß wurde vor Anstrengung, für den großen Saal zu leise betete, und als da der geistliche Aufseher brüllte, ich sollte lauter beten, unterbrach ich immerhin das Gebet, ging auf den Aufseher zu und verbat mir seine Roheit. Aber warum schwieg ich dann, als ich Jahre später für tauglich zum Dienst mit der Waffe erklärt wurde und als der Offizier uns Gemusterten lautmalerisch den Wind beschrieb, der durch die stolzen Reihen der Soldatengräber braust? Dabei hatte ich damals eine Mordslust und habe sie jetzt noch, mein sehr geehrter Herr . . .

Es ist also zu unterscheiden: was mich unfähig und unwillig zu einer politischen Existenz macht, ist nicht der Ekel vor der Gewalt, sondern der Ekel vor der Macht; die Macht erst, indem sie es sich erlauben kann, aus der Gewalt ein Ritual zu machen, läßt diese als das Vernünftige erscheinen. Unüberwindlich ist mein Widerwillen vor der vernünftelnden Gewalt der Macht; als gestalt- und leblos empfinde ich bis heute fast alle, die mächtig sind. Und aus dieser Empfindung erlöst keine Dialektik. Vor vielen Jahren schaute ich eines der schon üblich gewordenen KZ-Photos an: Jemand mit rasiertem Kopf, großäugig, mit hohlen Wangen, saß da auf einem Erdhaufen im Vordergrund, wieder einmal, und ich betrachtete das Photo neugierig, aber schon ohne Erinnerung; dieser photographierte Mensch hatte sich zu einem austauschbaren Symbol verflüchtigt. Plötzlich bemerkte ich seine Füße: Sie waren mit den Spitzen aneinandergestellt, wie manchmal bei Kindern, und jetzt wurde das Bild tief, und ich fühlte beim Anblick dieser Füße die schwere Müdigkeit, die eine Erscheinungsform der Angst ist. Ist das ein politisches Erlebnis? Jedenfalls belebt der Anblick dieser aufeinander zeigenden Füße über die Jahre hinweg meinen Abscheu und meine Wut bis in die Träume hinein und aus den Träumen wieder heraus und macht mich auch zu Wahrnehmungen fähig, für die ich durch die üblichen Begriffe, die immer die Welt der Erscheinungen auf einen Endpunkt bringen wollen, blind geblieben wäre. Ich bin überzeugt von der begriffsauflösenden und damit zukunftsmächtigen Kraft des poetischen Denkens. Thomas Bernhard sagte, sowie bei ihm während des Schreibens auch nur der Ansatz einer Geschichte am Horizont auftauchte, würde er sie abschießen. Ich antworte: Sowie beim Schreiben auch nur der Ansatz eines Begriffs auftaucht, weiche ich – wenn ich noch kann – aus in eine andere Richtung, in eine andere Landschaft, in der es noch keine Erleichterungen und Totalitätsansprüche durch Begriffe gibt. Und diese bieten sich ja bei jeder Schreibbewegung als das erste Schlechte an; wenn man müde ist, läßt man sie stehen; sie sind das scheinbar Schwierige, das einfach zu machen ist.

Vor ein paar Tagen bin ich in Frankfurt herumgegangen. Es war ein trüber Samstagnachmittag in jenen Straßen, durch die man vom Zentrum in die Vororte fährt, nicht mehr Zentrum, aber noch nicht eigenes Viertel, weder Geschäfts- noch Wohnbezirk, die paar Geschäfte wie aufgelassen, eine leere Imbißstube mit pompösem Namen, das Niemandsland in den großen Städten. Angestrengt schaute ich hin und fühlte mich aufgefordert, in allen Erscheinungen Indizien zu finden. In einem Parterrefenster standen zwei große, gefleckte Hunde. Aus einem Haus warf eine ältere Frau einem alten Mann einen Ballonseidenregenmantel auf die Straße hinunter. Dann ging ich an einem Klingelschild mit vielen Namen vorbei und dachte plötzlich: »Komisch, die haben ja Namen, die heißen tatsächlich alle irgendwie!« An einem ähnlichen Nachmittag war ich in einem hessischen Dorf als einziger in dem Dorfcafé gesessen, welches das Hinterzimmer eines Lebensmittelgeschäftes war, meine Hände klebten am Plastiktischtuch, und ich las in einer *Hör zu,* die schon einige Monate alt war. So wie in dem Hinterzimmer des Lebensmittelgeschäftes im hessischen Dorf spürte ich auch in der Frankfurter Straße die Existenz anderer an mir selber, aber eher als Schauspieler, der sie verkörperte, schaudernd und doch fast mit einem Wohlgefühl.

Auf einmal fiel mir das auf, während der gierigen Wahrnehmungen: es war die innige Körperempfindung, daß sich die Schädeldecke über mich wölbte und mich von all den Anblicken abschirmte. Und unter der festen Schädelwölbung erlebte ich in fast heimeliger Fremde das allgemeine Elend. Als mir das auffiel, dachte ich, um dieses Schauspiel zu stören, müßte man auf der Stelle gewalttätig werden; aber das blieb nur eins unter vielen unwirklichen Gedankenspielen.

»Der Sternenhimmel im Oktober«, stand vor kurzem in der Zeitung. Und als ich im Supermarkt die zuckerüberpuderten Kuchenstollen mit dünnen Goldpapierschnüren umwickelt sah, graute mir vor der Vorstellung, wie unvermeidlich über den Straßen bald wieder die Weihnachtssterne hängen würden. Neben der Autobahn von Duisburg nach Düsseldorf sah ich vor Jahren in der Nacht immer ein blaues Schild leuchten: Dr. Johnson's Handwaschpaste. Am Morgen putze ich mir die Zähne mit Dr. Best's Zahnbürste, die Haare wasche ich mir mit Dr.

Dralle's Haarshampoo, mit Dr. Scholl's Hühneraugenpflaster versuchte ich einmal, eine Warze
wegzukriegen. VEREINT GEIST UND POLI-
TIK, hieß ein Spruchband zu den »Gesammelten Werken« von Carlo Schmid. Jeder dritte
Deutsche ist Postsparer, jeder zehnte bei der
HAMBURG-MANNHEIMER lebensversichert,
jeder tausendste begeht Selbstmord. Die Melitta-
Müllbeutelpackung enthält zwanzig Müllbeutel,
die Melitta-Gefrierbeutelpackung enthält fünfunddreißig Gefrierbeutel, die Melitta-Frischhaltepackung enthält vierzig Frischhaltebeutel.
Welche Vielfalt der Erscheinungen.
Noch immer zu wenig Widersprüche . . . In seinem Arbeitsjournal schrieb Brecht am 31. 8. 44:
»in augenblicken der verstörung fallen im gemüt
die bestände auseinander wie die teile tödlich
getroffener reiche. die verständigung zwischen
den teilen hört auf (plötzlich wird deutlich, wie
das ganze aus teilen besteht), sie haben nur noch
die bedeutung, die sie für sich selber haben, das
ist wenig bedeutung. es kann passieren, daß ich
urplötzlich nicht mehr einen sinn in institutionen wie der musik oder auch der politik sehen
kann, die nächststehenden wie fremde sehe usw.
gesundheit besteht aus gleichgewicht.« Was
Brecht hier, aus kleinlicher Angst vor der Sinnlosigkeit, als Krankheit und Verstörung abur-

teilt, ist nichts andres als das hoffnungsbestimmte poetische Denken, das die Welt immer
wieder neu anfangen läßt, wenn ich sie in meiner Verstocktheit schon für versiegelt hielt, und
es ist auch der Grund des Selbstbewußtseins, mit
dem ich schreibe. Wie wird man ein poetischer
Mensch? Auf alle Fragen, auch auf diese, gibt es
die schöne, zutreffende Antwort: Das ist eine
lange Geschichte. Wenn ich jemandem Mitgefühl, soziale Aufmerksamkeit, Freundlichkeit
und Geduld beibringen will, befremde ich ihn
nicht mit der abendländischen Logik, sondern
versuche ihm zu erzählen, wie es mir selber einmal ähnlich erging, das heißt, ich versuche, mich
zu erinnern.

Lassen Sie mich also aus dieser kurzen Anstrengung zu den langen Geschichten zurückkehren.
Der Deutschen Akademie für Sprache und Dichtung, der Stadt Darmstadt und dem Land Hessen danke ich für die Verleihung des Büchner-
Preises und das Geld, das damit verbunden ist.
Und Georg Büchner danke ich für mehr.

Jemand anderer:
Hermann Lenz

Nichts vergessen ... 1965 las ich im Auftrag des Österreichischen Rundfunks *Die Augen eines Dieners* von Hermann Lenz. Ohne geübt zu sein, schrieb ich eine halbwegs geübte Kritik, in der, als ich sie vor kurzem wiederlas, nichts von dem vorkam, was ich damals mit dem Buch erlebt hatte; statt dessen ein Vergleich mit Knut Hamsun, der Zuschlag zu einer vertrauten Literaturart und damit der Zuschlag zur Literatur als etwas Vertrautem. Und trotzdem vergaß ich Hermann Lenz nicht; durch die Jahre erinnerte ich mich immer wieder an das Buch, weniger an die Geschichte und die Einzelheiten darin als an meinen Zustand, während ich es damals gelesen hatte: den Zustand einer wachsenden Ungestörtheit, der aber nicht von außen kam, sondern von dem Buch erst erzeugt wurde, und in dem schließlich – was mir nur bei wenig Literatur passiert ist – mich nicht einmal das Buch selber mehr störte.

Das war schon ein Grund, sich, wenn nötig, willentlich an *Die Augen eines Dieners* zu erinnern, und notwendig war es inzwischen öfter. Manchmal erzählte ich von Hermann Lenz, doch niemand kannte ihn; nur einmal in Graz fand jemand in einem Antiquariat die Erzählung *Die Abenteuerin* aus den fünfziger Jahren und schenkte sie mir. Ich las das Buch auf einem Flug in die USA und erinnerte mich vor allem an einen Satz, der die Tage in dem ereignislosen Leben einer Frau mit aneinandergereihten ausgeblasenen Eiern verglich.

Ein anderes Mal versuchte ich mit dem Schriftsteller Heißenbüttel, der wie Lenz in Stuttgart zu Hause ist und für den inzwischen nur noch Sachbücher und »Krimis« (Heißenbüttel) stichfest sind, über den Autor von *Die Augen eines Dieners* zu reden, aber der Autor der »Textbücher« lächelte nur: »Ach ja, der Hermann Lenz, ein guter Mensch . . .«

Richtig zu lesen – nicht nur als Zufallslektüre eines aus dem Zusammenhang gerissenen Buchprodukts, sondern auch mit dem Gefühl für den Verfasser und der Neugier auf ihn – begann ich Lenz erst vor ungefähr einem Jahr. Da hatte der Jakob Hegner Verlag, Köln, für den Herbst 1972 den Roman *Der Kutscher und der Wappenmaler* von Hermann Lenz angekündigt. Bei diesem Titel war mir, als hätte ich das Buch schon gelesen, in einem langen, begütigenden Traum. In der »Kronberger Bücherstube« wollte ich es kaufen, aber die Inhaberin sagte, diesmal hätte sie den Lenz nicht mehr bestellt. Diesmal? Ich erfuhr, daß bis jetzt jedes zweite Jahr ein Buch von Hermann Lenz erschienen sei, sie hätte auch immer ein Exemplar eingekauft, doch die seien alle liegengeblieben. Sie zeigte mir einige Bücher: *Verlassene Zimmer,* 1966; *Andere Tage,* 1968; *Im inneren Bezirk,* 1970; auch *Die Augen eines Dieners* holte sie noch aus dem Hinterzimmer. »Bei dem neuen Buch habe ich mir gedacht, das hat keinen Sinn mehr«, sagte sie.

Die Bücher, die sie mir zeigte, waren schön; das Satzbild klar wie die ersten Sätze. Ich bestellte *Der Kutscher und der Wappenmaler,* und nach zwei Tagen holte ich es ab. Ich begann zu lesen . . . »Von der Alleenstraße, wo er in einem Hinterhaus logierte, fuhr der Kutscher August Kandel am siebzehnten Juni, abends gegen halb acht, zum Neuen Schloß. Er horchte auf das Hufeklappern und überlegte, wer der Reisende sein könnte, der hinter ihm, die Beine übereinandergeschlagen und zurückgelehnt, eine Zigarre rauchte, als Gepäck nur eine glasperlenbestickte Tasche bei sich hatte, die längst aus der Mode gekommen war, und leise mit sich selber sprach . . .«

Es war gerade eine Jahreszeit wie auf einer Eisscholle, so bodenlos dunkel ringsherum, und manchmal hatte ich Angstzustände, daß mir beim Vorübergehen an einem leeren Zimmer die Ohren stachen, aber sobald ich *Der Kutscher und der Wappenmaler* las, hörten die Gegenstände um mich herum auf, Vorzeichen des Furchtbaren zu sein, und standen unverrückbar in dem freundlichen elektrischen Licht, in das ich nun wieder aufschauen konnte. Ich bekam vom Lesen ein Kindheitsgefühl: als ob nun endlich alle Vermißten zu Hause wären. Wenn zwischendurch die nächtliche Stille wieder mit Bedeutungen drohte, las ich einfach genauer, Wort für Wort, und die Bedeutungen vergingen; das Buch lenkte mich nicht ab von ihnen, sondern es stärkte mich gegen sie; kaum jemals hatte ich mich so geborgen gefühlt.

Ich denke an einen Satz von Claude Simon: er schreibe, um sich später zu erinnern, wie es war zu der Zeit, als er schrieb. Und ich erinnere mich, wie es war, als ich *Der Kutscher und der Wappenmaler* las, und wie es gewesen ist, als ich das Buch zu Ende las: am frühen Morgen im Stockfinstern aufgewacht, fing ich nach einiger Zeit zu lesen an. Dann war es hell, und die Geschichte vom Kutscher August Kandel, für den der geheimnisvolle Wappenmaler hinter ihm in der Kutsche das andere Leben bedeutete, war aus.

Eine tiefgelbe Wintermorgensonne im Zimmer; die Besänftigung; nichts vergessen, dachte ich. »Goldammern flogen aus den Zweigen, der Abendhimmel dehnte sich, und falls er jetzt etwas von ihr gegen 's Fremdheitsgefühl bekommen hätte, das er zeitlebens gespürt hatte, wenn er mit jemand sprach, dann wäre er froh gewesen.«

Jetzt endlich hätte ich gern gewußt, wer Hermann Lenz war. Am Vormittag kam mit der Post ein Buch: *Der Kutscher und der Wappenmaler;* der Autor selber schickte es mir, die Druckfehler darin – es waren recht viele, wie mir aufgefallen war – hatte er eigenhändig verbessert. Ein paar Briefe hin und her; dann, im Frühling, besuchte ich Hermann Lenz in Stuttgart.

Von allen deutschen Städten, die ich kenne, habe ich mich nur in Stuttgart bedingungslos fehl am Platz gefühlt, und nicht einmal, als ich mit Hermann Lenz über den Killesberg ging, verging meine gesträubte Unbehaglichkeit vor dieser Stadt, während ich doch sonst in fremden Städten nur mit Leuten zusammen zu sein brauche, von denen ich nichts zu befürchten habe, und ich werde auch mit der Umgebung einverstanden. Aber in Stuttgart kam – wie Hermann Lenz das nennt – so etwas wie »Übereinstimmung« nicht zustande. Wo wir auch gingen – es herrschte ein

Villenleben, zugeschnürt und erstickt, weder Stadtwirrwarr, noch Naturaufatmen, eine hügelige Landschaft von Vorgärten und Naherholungs-Abtritten, wo man Mütter zu ihren Kindern sagen hört: »Noch bis zu diesem Strauch dort gehst du bitte, dann trag ich dich!«, wo Leute in Trainingsanzügen auf den Trimm-Dich-Pfaden plötzlich stoppen und genau vor dem angegebenen Kniebeuge-Piktogramm ihre zehn Kniebeugen machen und weiterrennen . . .

Hermann Lenz erzählte, als er einmal im Wald Anemonen gepflückt habe, sei ein Herrenreiter vorbeigeritten und habe leutselig gesagt: »Ach, das gibt wohl eine Waldmeisterbowle!«

Durch die Innenstadt fuhren wir mit der Straßenbahn an den großen Kaufhäusern vorbei wie an Tunnelwänden. Dann wieder den Hügel hinauf, zurück in das Siedlungshaus an der Birkenwaldstraße, das noch der Vater von Hermann Lenz, ein Zeichenlehrer und Offizier, in den zwanziger Jahren hatte bauen lassen. »Hermann Lenz« steht an der Gartentür: so hieß der Vater auch, und es ist noch das alte Schild.

In der Nacht im Hotel war es sehr ruhig. Ich warf eine Mark ein, und die Massagevorrichtung unter dem Bett vibrierte stumpfsinnig. Als sie sich ausschaltete, lag ich wie abgeworfen und kam mir lächerlich vor. Noch bis tief in der Nacht heulten überall in der Nacht, auch weit entfernt, die Straßenbahnen, die die Hügel hinauffuhren, und in der Morgengrauenstille heulten sie schon wieder . . . Dieses Stuttgart! dachte ich fassungslos. Diese Straßenbahnen! Diese Villen und Straßenbahnen!

Dann fiel mir ein Bruchstück aus einem Satz ein, den die Frau von Hermann Lenz – sie stammt aus Bayern – gesagt hatte, während wir an einem Tennisplatz vorbeigingen: »Erinnern S' Ihnen . . .«, hatte sie gesagt und sich dann verbessert: »Erinnern Sie sich . . .«, und als mir das einfiel, kam doch noch so etwas wie »Übereinstimmung« zustande.

Hermann Lenz ist im Februar 1973 sechzig Jahre alt geworden. Seine Haare sind sehr dicht und weiß, und an der Kopfhaut unten sind sie so weiß, daß man sie gar nicht einzeln sehen kann. Er ist eher klein, und breit, auch das Gesicht ist breit, das rechte Auge hat eine Muskelschwäche und bleibt starr geöffnet, wenn er zum Beispiel einen Schluck Wein trinkt; am auffälligsten der wie aus Absicht fest verschlossene Mund, die fast gewaltsam, wie seit dem ersten Schrecken und der ersten Beschämung, zusammengezogenen Lippen: *Austernmund* nennt Lenz das selber in *Die Augen eines Dieners;* schon auf den Photos des Heranwachsenden dieser extra verschlossene Mund, den man erst auf den viel späteren Photos zum erstenmal ein wenig geöffnet sieht, als er mit seiner zukünftigen Frau zusammen ist, zu einem verzerrten, kläglichen, aber auch erleichterten Lächeln . . . Und eine tiefe, ruhige Stimme, wenn auch nicht in sich selber ruhend wie etwa bei sogenannten Abgeklärten und Weisen, sondern hinüberschwingend zu dem, an den sie sich richtet; die nichts ausdrücklich mitteilt und äußert, sondern einem als die gerade vernehmbar werdenden Vibrationen eines sich für sich Erinnernden vorkommt; und das teilt sich dem, der zuhört, mit als ein sanftes, musikalisches Gefühl. »Für sich sein war am wichtigsten.« *(Verlassene Zimmer)*

Wenn Lenz redet, kann man hören, wie mitten im Reden auf einmal die noch ungenauen Erinnerungen einsetzen: Die Stimme wird ganz tief und weich, dann bricht der Satz ab, und Lenz stottert nur noch vor lauter Erinnern, versinkt schließlich und sagt eine Zeitlang gar nichts mehr.

Auch in seinen Büchern sind viele unvollendete Sätze, der erste Teil von *Verlassene Zimmer* beschreibt den Tod des Großvaters mit einem unvollendeten Satz. Lenz wird erst dann richtig lebhaft, wenn in der Versunkenheit die genauen Erinnerungen kommen: »Ha!« sagt er da, oder:

»Ha no!« – württembergische Ausrufe –, und redet lauter und schneller vor Erinnerung. »Und weil du noch das Kleinste weißt, bist du am Leben ...« – das steht in *Andere Tage*. Nichts, was er wahrnimmt, ist nur, wie immer noch das meiste für mich, langweilig gegenwärtig; für alles gibt es eine Erinnerungsmöglichkeit: als wir durch das Feuerbachtal bei Stuttgart gingen, kam uns ein junges Paar entgegen, der Mann mit einer lila Jacke. Ich sah nur Stuttgarter Wochenendspaziergänger (siehe oben) und schaute weg; aber Hermann Lenz sagte lebhaft zu seiner Frau: »Ha, der trägt eine lila Jacke – die Biedermeierfarben kommen wieder!«

Lenz ist in Stuttgart geboren, wuchs in der Kleinstadt Künzelsau im Hohenlohischen auf, kehrte Mitte der zwanziger Jahre mit seinen Eltern und einer jüngeren Schwester nach Stuttgart zurück. Sein Großvater hatte in einem Weingärtnerdorfe bei Stuttgart (mit Absicht schreibe ich »in einem Weingärtnerdorfe« statt »in einem Weingärtnerdorf«) eine Gastwirtschaft betrieben, wo auch manchmal der »Bauerndichter« Christian Wagner aus Warmbronn einkehrte; schon im ersten Satz von *Verlassene Zimmer* kommt er vor: »Seine Frau zog einen frischen Strumpf in die Gaslampe überm ovalen Tisch ein, wo ab und an der Dichter saß, der Bauer in Warmbronn war.« Die Großmutter besaß einen Gedichtband von ihm . . .

Christian Wagner, Eduard Mörike – in den letzten Büchern von Hermann Lenz sind das Ikonen, aber weltliche; man kann sich an sie halten. Ikonen: sie werden weniger zitiert; mehr beschrieben: das Bild von Mörike, der eine »Brille mit kleinen, eiförmigen Gläsern« trägt und seinen Rock so ungeschickt zugeknöpft hat, »daß auf der Brust, dort, wo bei Goethe der Ordensstern strahlte, das Hemd heraussah«, kehrt einige Male, in verschiedenen Romanen, wieder, und es wird, auch durch die Wiederholung, zu einer Beschwörung eines schlampigen Weltvertrauens gegen die mit Überordentlichkeit verkleidete Angst, die, wie Lenz sagt, »der tiefe Grund« seiner Bücher ist. (»Verkleidet«, das ist keine Metapher: der Eugen Rapp aus »Andere Tage« zieht sich, unter den Heidelberger Studenten in SA-Uniformen, sorgfältig und elegant an, läßt sich auch die Haare länger wachsen, spielt, gerade im Dritten Reich, vor Not den Dandy.)

Überhaupt die Wiederholungen: in den Büchern von Hermann Lenz gibt es, in verschiedene Geschichten eingesetzt, oft wiederkehrende Bilder: dieselben Bilder in denselben Bedeutungen. Auch die vielen Naturbeschreibungen hören, durch die fast wörtliche Wiederholung, auf, bloße Impressionen zu sein und ordnen sich zu einem Refrain von dem jeweiligen Aufblicken aus einer Be-engung, aus dem Nicht-mehr-aus-noch-ein-Wissen im Umgang mit sich selber und den anderen. »Baumkronen waren hell, und über ihnen segelte ein Bussard. Er sah die braunen Flügel mit den weißen Federn und sagte zu sich selber, nun sei es erträglich ... Das Land mit seinen dunklen Wälderflecken schien sich hier zu strecken, als ob es weiterziehe, eine Vorspiegelung der Ruhe, der Verlassenheit, die jetzt ein wenig heller war ...« (Aus der Erzählung *Der Letzte*.)

Oder: »Das war dann sein tröstlicher Weg: die schmalen Straßen ausgestorben und die Wohnungen fast leer; die Straßen spiegelten weiß; in einem Garten stand ein gelbblühender Busch, und daß eine Dame auf einem Balkon saß, die Füße auf einen rotgepolsterten Schemel gelegt und zurückgelehnt las, das machte ihm eine fast wilde Freude, und er dachte: ›Das werde ich Elise erzählen‹.« *(Die Augen eines Dieners.)*

Deswegen war es wichtig, von der Wintermorgensonne zu erzählen, die ins Zimmer schien ...

In *Die Augen eines Dieners* sagt jemand beim Anblick eines Torgitters im stark scheinenden Mond: »Wenn wir so etwas nicht anschauen könnten, wäre es schlecht.«

Wenige, aber beschwörend wiederholte Bilder

– manchmal freilich auch in verschiedener Bedeutung, vor allem bei denselben Bildern in den Büchern vor 1964 *(Die Augen eines Dieners)* und in den Büchern *danach:* vor 1964 mit literarischer Technik auch absichtlich zu *Bildern* arrangiert, mit surrealistischen Methoden aus dem Erinnerungszusammenhang abstrahiert, aus dem Erinnerungsbild ein Traumbild gemacht – danach aber, in den späten Büchern jetzt, werden diese arrangierten Traumbilder geduldig wieder aus den Arrangements befreit und, als ursprüngliche Erinnerungsbilder, zugleich beiläufiger und unliterarischer, sinnloser und zugleich sinnfälliger, geschichtlicher und zugleich gegenwärtiger. In Hermann Lenz' erster Erzählung *Das stille Haus* wird die eigene Biographie noch übertragen in das literarische Wien von Schnitzler und Hofmannsthal, mit dem Geräusch von Ballettschuhen auf dem Parkettboden eines Herrschaftshauses, und der in die eigene Dekadenz vernarrte Held hat für die Adeligen, Diplomaten und Professoren, mit denen er umgeht, Spitznamen wie »Gorgonzola«, »Kleopatra«, »Frigidaire«. Dreißig Schreibjahre danach, in »Andere Tage«, hat der dekadente Held sich in den erfolglosen Studenten Eugen Rapp zurückverwandelt, den Sohn eines württembergischen Zeichenlehrers, und auch Eugen Rapp gibt Leuten für sich Spitznamen wie

»Frigidaire« und »Kleopatra«, aber das sind jetzt zwei Studentinnen, die eine mit »schlecht geschnittenen grauen Fingernägeln«, die »zuweilen im knisternden Cocktailkleide in die Universität ging« – das Stilisierte und Posierte in der Darstellung wird zur sachlichen Darstellung des Stilisierten und Posierten. »Eugen aber hoffte, mit der Zeit jegliches Ressentiment zugunsten eines sachlichen Humors bei sich zu tilgen . . .«

Auch die aus der konkreten Umwelt ausgeschnittene, wie nur geträumte Blonde aus dem Erzählungsband *Spiegelhütte* (1962), die eine schwarze Lederjacke und Männerhosen trägt und Motorrad fährt in einer Totenstadt, erwacht in *Andere Tage* zu einer realen weißblonden Studentin, mit der Eugen Rapp in den Ferien am Bodensee ein wenig zusammen ist: auch sie trägt Männerhosen, schiebt die Unterlippe vor, raucht und »im Schatten lehnt ein Motorrad, ein schweres Modell«. Nur ist sie keine mythische Totenführerin mehr, sondern eine typische »Schmach-und-Schande-Zeit-Studentin« in den Jahren vor dem Zweiten Weltkrieg, die Jus studiert, über den Bodensee ans Schweizer Ufer schwimmt und deswegen für eine Spionin gehalten wird – während vor den Badekabinen ein fetter Mann sagt: »Die ist meine Bettflasche«, und seine Frau

meint, und daneben eine andere Frau im Liege-
stuhl liegt und weint, weil Hindenburg gestorben
ist. »Der Führer habe wunderbar geredet«, sagte
sie . . .

Lenz studierte zuerst Theologie in Tübingen,
dann, nachdem er dafür notwendige Prüfungen
in Griechisch und Hebräisch nicht bestanden
hatte, Kunstgeschichte, Archäologie und Ger-
manistik in Heidelberg, später in München,
brachte es auch in diesen Fächern kaum zu Prüfungen. »Es kommt doch der Krieg, was soll ich
noch tun?« dachte er.

Oft war er mit dem Dichter Georg von der Vring
zusammen, der in der von Le Corbusier, Mies
van der Rohe und anderen geplanten Weißen-
hofsiedlung nahe der Birkenwaldstraße wohnte.
»Geben Sie's zu, Sie schreiben doch!« sagte von
der Vring eines Tages, und so erschienen 1936
in der Reihe *Blätter für Dichtung* des Heinrich
Ellermann Verlags *Gedichte* von Hermann
Lenz. 1938 veröffentlichte die *Neue Rundschau,*
deren Herausgeber damals Karl Korn war, die
lange Erzählung *Das stille Haus,* die in Buch-
form überarbeitet 1947 von der Deutschen Ver-
lagsanstalt verlegt wurde. (Es ist das einzige
Buch von Lenz mit einer zweiten Auflage.)

Von der Vring, der in *Andere Tage* »Herr Bitter« genannt wird, war einer der wenigen, mit

denen Lenz, dem vor dem Nationalsozialismus »weit nei grauste« (auch das ein Ausdruck, der sich in seinen Büchern wiederholt), noch reden konnte – obwohl sie sich über Literatur selten verständigten. »Es kann natürlich sein [sagt Eugen Rapp zu Bitter], daß Sie etwas anderes erfahren haben als zum Beispiel Stifter, und deshalb mögen Sie sein Geschriebenes nicht. Er wußte, was Herr Bitter jetzt an ihm vermißte: die Schärfe halt. Der mag's nicht, daß du ruhig bleibst, und du bist ihm nicht aggressiv genug . . . Und er schrieb in sein Tagebuch, Bitter schneide ihm in seine Fühlhörner hinein; der sei bloß ein Gerichtsvollzieher.«

Der Nationalsozialismus: die vor Grausen »innerlich abgestorbenen« Figuren bei Lenz sprechen sich in Gedanken selber mit »du« an, und daß so oft die Natur beschworen wird (nicht beschrieben!), in der allein man noch aufatmen kann, ist damals lebensnotwendig gewesen. (Wie dummdreist die Attitüde, Naturschilderungen pauschal als vergangene literarische Methode abzutun!)

»Er sah Samenflocken von Weiden übers blanke Wasser der Glems fliegen, diesen Bach, der nicht weit von der Nippenburg eine Kehre machte; der weiße Flaum nistete zwischen klebrigen Blättern in den Zweiggelenken und wurde fortgeweht.

Von der Nippenburg sah er die Scheuer, einen breitbrüstigen Steinbau, herabschauen. . Erich deutete hinauf und sagte: ›Dort drin würd' ich gern wohnen.‹ Dahinter ruhte eine Schicht eisenfarbener Wolken, die rosa angeleuchtet wurden, daß sie wie Fransen eines Fells aussahen, während das Licht überm Wasser gelben Metallglanz auslegte und die dunkelgrüne Spiegelung der Blätter im Bach heller machte. Ein Rest vom Blau der Luft wurde darin lebendig, und Kandel wunderte sich, weshalb er dies genau anschaute. Früher hast du's nur flüchtig gesehen, aber jetzt . . . Er fragte, weshalb sie das hier – und er wischte mit der Hand über die Hügel, die sanft waren – jetzt so gerne sähen, und Erich sagte, es läge an der Zeit. ›Die drängt dich sozusagen ab. Es sitzt dir irgendwas im Nacken, und du traust niemand mehr. Wenn dir die Leut' widerlich sind, meinst du, in den Blättern und im Lufthauch sei das anders. Du kannst halt nicht aufs andere verzichten, und dir kommt's vor, als sei's nur noch in Büchern da, auf Hügeln oder alten Mauern.‹« *(Der Kutscher und der Wappenmaler.)*

1939 fand Lenz in »Max Steinebachs Bücherparadies«, München, einige verramschte Bände von Prousts *Auf der Suche nach der verlorenen Zeit,* die bis 1932 noch hatten erscheinen können. Damit tröste er sich oft: daß auch Proust in seinen Büchern nichts *arrangiert* hat. Jedes Arrangement in der Literatur sei ihm zuwider, und das Unarrangierte habe er erst nach und nach von Proust gelernt.

Das Unarrangierte: keine Geschichte aus der Zeit des Nationalsozialismus – ob literarische Fiktion, Geschichtsschreibung oder Bericht – erschien mir bis jetzt so wenig im nachhinein zurechtarrangiert und so wenig von geschenktem Besserwissen verstümmelt wie *Andere Tage*. Einmal redet Eugen Rapp lange mit jemandem, der bei der SA ist, und sagt ihm alles, was er über Hitler denkt. Auf einmal legt der andere den Kopf auf die Tischkante und weint. Da tut es Eugen »scheußlich leid«, daß er ihm wegen »seiner SA« so zugesetzt hat, und er fürchtet, daß er ihm alles zerstört hat . . .

Den Krieg überlebte Hermann Lenz als einfacher Soldat. Nach Stuttgart zurückgekehrt, schrieb er erst einmal nur, lebte dann in den fünfziger Jahren als Sekretär des Württembergischen Schriftstellerverbands; Thomas Mann hatte zwar sein erstes Buch, aber auch vieles andere gelobt.

Lenz schrieb weiter, schreibt eine Fortsetzung von *Andere Tage:* die Geschichte des Eugen Rapp im Krieg. Die letzten Bücher wurden kaum mehr besprochen. Von *Der Kutscher und der*

Wappenmaler bekam er eine Abrechnung über dreihundert verkaufte Exemplare. »Zwei bis drei Kilo Bücher habe ich geschrieben.« Der sachliche Humor . . . Ein wenig Geld verdient er sich mit Beschreibungen Stuttgarter Straßen und Bauwerke für das *Stuttgarter Leben,* einen Stadtanzeiger.

Ich fragte Lenz, ob er denn wirklich nie aggressiv sei. Ha! Als Kind nahm er einmal die Pistole seines Vaters in die Schule mit, um einen Lehrer zu erschießen. Der Lehrer prügelte sonst immer die Schüler mit einem langen, dünnen Rohrstock, aber gerade an diesem Tag war er sehr freundlich. Als Student ging Lenz an einem frühen Morgen durch die Schackstraße in München. Da kam Hitler in Begleitung langsam vorbeigefahren und starrte ihn an. Lenz schaute weg, ging dann auf die andere Seite. Er sah, daß das Auto umkehrte und ihm entgegenfuhr. Wenn er mich jetzt anspricht, dachte er, werde ich sagen: »Monsieur, je ne comprends rien du tout!« Aber Hitler fuhr wieder nur an ihm vorbei.

Ich fragte Lenz noch, warum er sich, auch in seinen Büchern, so oft verteidige. Ohne eigentlich zu antworten, sagte er lebhaft: »Ja, das tue ich, nicht wahr?«

Ich erzählte, wenn ich sehr lange in einem seiner Bücher gelesen hätte, käme mir gegen Ende darin auf einmal alles selbstverständlich vor, unumstößlich, aber ungezwungen, völlig ruhig, aber noch mild von der überstandenen Unruhe – und da läse ich nicht mehr, sondern empfände einfach nur Glück. »Das ist es!« sagte Lenz überrascht und doch selbstbewußt.

Als ich vor kurzem einmal für mich allein Photos anschaute, erinnerte ich mich an eine alte Aufnahme, die ich bei Lenz gesehen hatte: sie zeigte ihn, seine Braut und seine Mutter neben einer Straßenbahnhaltestelle an der Birkenwaldstraße in Stuttgart, weit weg von allem, die Straße dazwischen, vor Laubbäumen. Lenz war in Uniform, Braut und Mutter hatten ihn begleitet: er wartete da auf die Straßenbahn, um zurück an die Front zu fahren. Ich erinnerte mich an dieses Bild, weil ich selber beim Anschauen meiner Photos immer mehr ein starkes Mitgefühl für die Photographierten und eine ganz gegenwärtige Sorge um sie bekam. Mir fiel ein, daß Lenz viel Photos zum Schreiben verwendet und daß er für seine Photos eine Lupe auf dem Schreibtisch liegen hat.

Nachdem ich fast »drei Kilo« von ihm gelesen hatte, erzählte ich mehr Leuten von seinen Büchern. Gestern fragte mich jemand, dem ich auch davon erzählt hatte, was ich gerade täte. »Ich schreibe etwas über den Hermann Lenz.« – »Ah, dann werde ich vielleicht doch was von ihm lesen.« Ja, lies: *Verlassene Zimmer, Der Kutscher und der Wappenmaler,* und das Unarrangierteste, Selbstverständlichste von allen, *Andere Tage.*

An einem Abend ging ich mit Lenz auf der Birkenwaldstraße, und er redete von den Bauspekulationen ringsum, von den Wirklichkeitsmenschen. Endlich sagte er: »Vielleicht sind für diese Leute die Projekte nur ein Ersatz für die Träume.«

»... und in der Straße, welche glänzte, schaukelte ein Kind auf einem Fahrrad weiter, das in der Stille knackte.«

Eine Zwischenbemerkung
über die Angst

»Du hast immer nur Angst, Angst, Angst«, hat gestern ein Kind zu mir gesagt, und es sagte das ziemlich gelangweilt ... Wann habe ich eigentlich k e i n e Angst? Sehr oft, meistens; aber wenn ich dann Angst habe, kommt wieder das Gefühl, daß jetzt ich gemeint bin und daß jetzt das Leben anfängt. Wenn ich keine Angst habe, fühle ich mich entweder stumpfsinnig oder so glücklich, daß ich vor Glück gereizt werde und jeden Buckel in der Umwelt nur als Störung meines Glücks empfinde. Ich habe noch nicht recht gelernt, im Glück vernünftig zu bleiben und aufmerksam für die andern zu sein. Sehr selten gelingt das vernünftige Glück, das von der Umwelt nicht abschließt, sondern für sie öffnet. Das wäre dann die gewünschte Existenz; aber auf dem Weg dahin ziehe ich die augenöffnende Angst meinem blindwütig aggressiven Glück vor, dessen jähe Bösartigkeit ich auch an anderen Glücksfanatikern erschreckt wiederfinde. Angst also wovor? Das ist eine mir unverständliche Frage. Ich habe einfach Angst, wie ich Träume habe, wie ich manchmal Kopfschmerzen habe, wie ich Erinnerungen habe; die äußeren Einzelheiten entzünden die Angst nur. »Panischen Schrecken« nannten die Griechen diese Angst ohne sogenannte Ursache. Ja, wenn ich Angst habe, bricht in mir eine Panik aus, eine stille, heiße, ruhige Panik, fast wie bei dem vor Schrecken angewurzelten Bambi Walt Disney's, jedenfalls so ähnlich ..., und vielleicht auch ähnlich kitschig; und ähnlich auf die Nerven wie das panisch erschreckte Bambi geht mir auch oft meine Angst. Was soll also daran augenöffnend sein? Nicht den Zustand der Angst meine ich, sondern den Zustand danach – wenn die Angst vorbei ist. Da entsteht dann ein Gefühl, das jenem vernünftigen Glück nahekommt: das Gefühl für die Existenz und die Existenzbedingungen der anderen Menschen, ein starkes, mitteilbares, soziales Gefühl. Deswegen kann ich es mir nicht leisten, daß mir meine Angst nur auf die Nerven geht und deswegen schreibe ich darüber und lebe davon, daß ich darüber schreibe. Und die Todesangst? »Schickt es sich, eine so kurze Sache so lange zu fürchten?« heißt es in den *Essais* von Montaigne. O ja, o ja. Und die Langeweile des Kindes? O, ich könnte über meine Angst so viele komische Einzelheiten erzählen, daß ich schließlich sogar ein Kind damit zum Lachen bringen könnte.

Die Sinnlosigkeit
und das Glück

Für Jean-Marie Straub

An einem kalten, unbeschreiblichen Tag,
wenn es nicht hell und nicht dunkel werden will,
die Augen sich weder öffnen noch schließen
wollen
und die vertrauten Anblicke nicht an das alte
Weltvertrauen erinnern,
aber auch nicht als neue Anblicke ein Gefühl für
die Welt herbeizaubern,
– das zwei-einige poetische Weltgefühl –,
wenn es kein Wenn und Aber gibt,
kein Damals mehr und noch kein Dann,
verschwitzt die Morgendämmerung und der
Abend noch unvorstellbar,
und an den bewegungslosen Bäumen nur ganz
selten ein einzelner Zweig schnellt
– als sei er um etwas leichter geworden,
an einem solchen, unbeschreiblichen Tag
geht auf der Straße,
zwischen zwei Schritten,
plötzlich der Sinn verloren:
dem Neger im Ledermantel, der einem
entgegenkommt,

möchte man in das Gesicht schlagen,
oder der Frau, die im Geschäft vor einem den
Zettel abliest,
knacks von hinten den Hals zudrücken.
Und immer öfter erschrickt man bei dem
Gedanken,
wie nah man daran war, es wirklich zu tun,
– ein Ruck fehlte noch, der geheimnisvolle
RUCK,
mit dem früher einmal die Liebe einsetzte
oder der wilde Entschluß, ein Leben nach der
eigenen Vorstellung zu führen,
oder, ebenso zwischen zwei Schritten,
die Gewißheit einer formlosen Art von
Unsterblichkeit . . .
(Von einigen, denen es diesen Ruck gab, liest
man dann in der
Zeitung und wundert sich, daß es noch immer
so wenige sind.)
Wo man jetzt hinblickt – alles grünlich verfärbt
in solchen Momenten,
wie auf einer zu kurz entwickelten Fotografie,
die Gegenstände halbfertig,
und keine Hoffnung, sie fertigzustellen,
jeder Anblick ein verrottetes Fragment, ohne
Idee von dem Plan,
der verlorenging,
noch im Rohbau und schon Ruine,

vor der man ausweicht, in der Befürchtung,
selber miteinzustürzen
– das gilt auch für dich, und für dich dort:
eure abbruchreifen, von welchem Abonnement?
auf welches Sinn-Theater?
welcher Weltbild-Monopol-Truppe?
gestützten Gesichter
möchte man übers Knie brechen –
und es betrifft ebenso einen selbst,
Abschreibungsobjekt unter andern,
das nach all diesen Anblicken zuletzt nur an sich
hinunterschaut,
und da den eigenen Nasenrücken sieht,
einmal links, einmal rechts,
von einem Auswuchs den Auswuchs:
– wenn sich die Augen doch schließen wollten,
– man doch blinzeln könnte in solchen
Momenten,
das Ekelgefühl an den Augäpfeln lindern,
– und es nur MOMENTE wären, (nach denen
man aufatmen kann) –
aber nicht dieses ZEITLOSE,
LEERGERÄUMTE, SPRACHLOSE,
ZUKUNFTSVERDRÄNGENDE, NICHT
AUS DEM ZENIT ZU VERRÜCKENDE,
DIE SEELE AUS DEM LEIB KRATZENDE,
UNBEATMETE, SINNLOSE UNDING.
– Auf offener Straße ist jemand stehengeblieben

und kann nicht mehr weiter:
nicht nur er ist stehengeblieben,
sondern auch alles andere,
und so hat es den Anschein, daß er weitergeht,
und daß auch das andere weitergeht.
Aber er markiert nur das Gehen;
und auch der Blick, mit dem er den Horizont am
Ende einer Straße betrachtet,
ist markiert;
und die Pommes frites, die er im markierten
Vorbeigehen irgendwo riecht
– es könnte auch ganz woanders sein –,
bemerkt er nur noch wie aus einer letzten
Gutmütigkeit gegen sich selber:
tatsächlich riecht er gar nichts mehr,
und die Pommes frites sind herrenlose
Überbleibsel aus jener schon unvorstellbaren
Zeit,
als jeder Gegenstand sich noch wohlig an seinen
Sinn schmiegte:
Erinnerung an ein Bild in der Kirche, wo die
Gerechten unter dem Mantel der Muttergottes
stehen.
»When I was a boy, everything was right«:
welch falsche Sehnsucht,
denn nur selten war etwas richtig, als man ein
Kind war,
meistens das Gefühl, mit brennenden Niednä-

geln überall im Luftzug zu stehen –
und dieses Niednagelgefühl ist zurückgekehrt;
so daß es nicht heißen darf:
»Der Sinn ging verloren«, sondern:
»Die Sinnlosigkeit ist wiedergefunden.«
Es gab keinen Plan,
auch nicht die Idee eines Plans,
und an den zwischenzeitlichen Sinn, an die
Augenblicke von Liebe,
von Geilheit, von Raserei und »gerechtem« Zorn
erinnert man sich jetzt mit Brechreiz.
HILFE – Laß doch die schlechten Witze . . .
Wohin soll man noch schauen?
Wo überlebt noch der letzte Widerspruch?
Wo ist der Anblick, der einen wiederbelebt?
Doch alle Fragen sind rhetorisch geworden,
routinierte Erinnerungen an wirkliche Fragen,
und weil die Fragen nicht ernstgemeint sind,
bewegen sich die Lippen theatralisch mit ihnen
mit
und zucken zurück, wenn sie einander berühren:
so sehr sind sogar schon die eigenen
Körperteile
zu einer unsympathischen Außenwelt
ausgestülpt,
wo sich alles in Dinge aufteilt,
die einander abstoßen.
Ja, alles ist penetrante Außenwelt geworden in

diesem Zustand,
und in dem offenen Schädel bläht sich im Luftzug
ein unappetitliches Etwas,
das sich Gehirn nannte.
Statt Bewußtsein nesselhaft Vegetatives,
Hautempfindung und Allergie:
eine unabsehbare Zeit des Ausschlags, der
Gänsehaut, der Ekzeme, des Wundseins.
Als die Lippen einander zufällig berührten,
juckte es unangenehm
– man ist kitzlig an sich selber geworden.
Auf einem Gerüst hoch über der Straße stehen
Bauarbeiter
mit bunten Helmen auf dem Kopf und winken
die Last eines Krans heran:
kommt doch herunter, auf gleiche Höhe,
und nehmt eure euch adelnden Helme ab,
ihr Erpresser,
dann werden wir sehen, wer ratloser ist!
Der Himmel über dem Kran könnte ein Bild sein,
das die lebensnotwendige Geduld zurückbringt,
aber auch der bewährte Abendhimmel heilt
nichts,
auch nicht das doch so oft beruhigende Wort,
das man sich vorspricht:
die Wolken glänzen abstoßend,
liegen in heilloser Unordnung,
wie in einem Windbruch,

und auch auf der Erde bis zum Horizont ein
einziger Windbruch.
Alles ein einziger Windbruch.
Alles ein Durcheinander.
Und alles ausdruckslos.
UND ALLES VÖLLIG AUSDRUCKSLOS.
Trotzdem ein Mißmut.
daß die vielen, die unterwegs sind,
sich nicht einfach auf die Straße hinlegen und
vergehen,
so wie man selber vergehen möchte,
vielleicht nicht für immer,
doch jedenfalls auf der Stelle . . .
In alten Geschichten wollen Scheintote sich
verzweifelt bemerkbar machen,
indem sie den kleinen Finger zu krümmen
versuchen –
wie aber sich umgekehrt bemerkbar machen,
wenn einem alles sich selbsttätig krümmt
im Schein einer ausdruckslosen Lebendigkeit?
Wie die Ausdruckslosigkeit ausdrücken,
wenn das Weitergehen,
aber auch das Stehenbleiben,
das Aufblicken,
aber auch das Wegblicken,
das Reden,
aber auch das Nicht-mehr-Weiterreden
ohne eigenes Zutun Leben vortäuschen?

Wie gesagt, rhetorische Fragen.

»Gleich würde der Sargdeckel für immer und ewig über ihm geschlossen werden«, heißt es in den Scheintoten-Geschichten:

und nur in einer Ich-Geschichte gäbe es dann noch ein Aufwachen.

»Gleich würde man wieder um eine Pfütze herumgehen; gleich würde man wieder an einer Ampel stehenbleiben.«

Es ist keine Ich-Geschichte:

also geht man für alle Zeit um die Pfützen herum und bleibt ewig an allen Ampeln stehen.

Was für einen Aufwand betreiben noch die apathischen Schläfer

in den Schächten der Untergrundbahn,

indem sie auf Zeitungen liegen

und sich mit Lumpen zudecken!

Welch eine Anstrengung, sich auch nur vorzustellen,

daß sie nach so vielen Jahren immerhin noch die Kraft haben,

nach halbleeren Weinflaschen zu greifen!

Vielleicht trifft man jetzt jemanden, den man kennt,

»von früher«, denkt man,

auch wenn man ihn erst gestern kennengelernt hat,

so sehr hat mit dem Unsinn eine eigene Zeit

angefangen.

Gleich wird man das Handgeben markieren ...

Und mit dem Austausch von Bemerkungen, der
nun einsetzt,
ergibt sich sofort eine Harmlosigkeit,
in der der Unsinn endlich unerträglich wird
– weil man auf einmal zu übertreiben glaubt
und sich gegenüber den andern im Unrecht fühlt
und seinen Zustand für bloße Zustände hält:
als benähme man sich »wie ein Schulbub«,
nicht ernstzunehmen.

Man nimmt sich also nicht ernst in Gesellschaft,
aber der Unsinn ist zu wirklich,
und deswegen also jetzt unerträglich.

Das Gesicht wird häßlich vor Sinnlosigkeit.

So setzt man sich irgendwohin
und läßt es Nacht werden.

Ab und zu reißt man stumm den Rachen auf,
als hätte man Kiefersperre.

Eine Hauswand blättert ab.

Ein Kinderkarussell dreht sich unter einer
Bahnbrücke.

»Eigentlich« ist die Hauswand schön,
und »eigentlich« ist das Karussell schön –
aber auch der schönste Anblick nimmt nun vom
Lebendigen.

Ein Bombenangriff der Sinnlosigkeit auf die
Welt:

gleich hinter der Hauswand bricht die Erde ab
in die Wirbel des Undefinierbaren
(die einen nennen es Tiefseegraben, die andern
den Weltraum, andre die Hölle)
und auf dem letzten Atoll dreht sich ein
Kinder-Karussell
glockenbimmelnd, mutterseelenallein.
Halt! Schau dieses Bild länger an:
senkten sich davor nicht die Lider über die
Augen?
– Es ist kein Bild: und wenn, dann ist es vor
deiner Ungeduld
mit dem letzten Erdrest untergegangen.
Die Finsternis, wo die Welt war,
unterscheidet sich von der Finsternis des
Undefinierbaren ringsum
nur noch durch das frischere Schwarz,
und jetzt strömen auch schon die Wirbel
herein . . .
Jemand läßt seinen Mund auseinanderklaffen
und schläft ein,
aber auch auf dieser Flucht wird er eingeholt:
es fehlt selbst die Zeit zum Träumen inzwischen:
nach ein paar Atemzügen wird er von der
Sinnlosigkeit wachgebeutelt,
immer wieder,
wie der Zeichentrickheld von dem tropfenden
Wasserhahn,

»die Zeit, als die Träume noch halfen« ist ein
Satz aus dem Märchen geworden –
die nächste Fortsetzung seines Abenteuers
läuft wieder nur nach dem Trickschema.
Im Moment des Erwachens,
der gleich auf den Moment des Einschlafens
folgt,
– »schon meldeten sich die Träume an« –
bricht unter der splitternden Umwelt,
die sich doch gerade besänftigen wollte,
wieder weltweit und hautnah
das krachlederne UNDING hervor.
Auch wenn man etwas fixiert –
man sieht jetzt alles entstellt, wie aus den
Augenwinkeln:
nach einem Hund, der weit weg vorbeirennt,
greift man in die Luft,
wie nach einer an der Wange vorbeisirrenden
Mücke,
und die auf dem Mauersims laufende Katze sieht
man zum Greifen nahe als Tausendfüßler;
eingeengt von dem entlegensten Anblick!,
UND KEINE MÖGLICHKEIT MEHR,
STEHENDE LUFT,
DIE MAN VERGEBENS EINATMEN WILL,
ALLES IST, WIE ES IST,
JEDES ZURÜCKGEZWÄNGTE IN SEINE
NISCHE.

(»Ich wartete auf der Chaiselongue darauf, ob
mir der Sinn des Lebens wieder aufginge«, stand
in einer alten Autobiographie.)
– Und wenn das so ist,
und als das so war,
alles beim alten,
und als die Beine das eingesargte Bewußtsein
immer noch dummtreu
von einem Ort zum andern schafften,
– wenn doch einmal ein Knie geknickt wäre –
schaute man, weil man keine Wahl hatte, keine
WAHL hatte,
zu Boden, schaute zu Boden,
und erblickte endlich,
WEIL man keine Wahl mehr hatte,
ETWAS NEUES.
Einmal ist es vielleicht der grüne
Auslegeteppich im Vorraum eines Kinos,
bei dessen Anblick man plötzlich aufschnauft
vor neuer Verbundenheit,
– ein herzhaft rührseliger Schnarchton –,
und vom Boden steigt dröhnend die Linderung
auf,
und über die brennenden Augäpfel senken sich
die Lider langsamer
und streicheln mild die Geduld zurück –
nur jetzt nicht voreilig werden!:
oder ein anderes Mal ein

Schreibmaschinengeschäft,
wo man auf eine Maschine hinabstarrt,
in die zum Ausprobieren Papier eingespannt ist,
und da, unter vielen Leuten in dem Geschäft,
liest:
»O désespoir! O vieillesse! O rage! ...«
– Die Augen werden groß,
und was man auch anschaut,
LACHT –
so viel ist plötzlich, nach dem so langen Unsinn,
von dem Überfluß der Welt dagewesen.
Der Gegensatz zur Sinnlosigkeit ist nicht der
Sinn –
man braucht nur keinen Sinn mehr,
sucht auch keinen philosophischen Sinn für den
Unsinn:
ausgezählte Wörter; die verboten gehörten,
denkt man.
An einem Caféhaustisch sitzt eine Frau vor
einem Glas Bier,
schaut zum Fenster hinaus
und lächelt.
Nur sie unter den vielen, die da sitzen,
hat einen Ausdruck:
Und als man sie ansieht,
kehrt auch in das eigene häßliche, taube Gesicht
ein Gefühl zurück,
der unbeschreibliche Tag wird beschreiblich,

er neigt sich,
und wenn man die Frau wieder ansieht,
bemerkt man, daß sie gar nicht lächelt,
sondern nur einen Ausdruck hat:
schon der Ausdruck in ihrem Gesicht ist einem
als Lächeln erschienen.
In der Zeitung das Foto des Polizisten,
der einen Knüppel hebt:
Kann der das ernst meinen? denkt man.
Weiß er, was er tut?
Wie kann man ihm begreiflich machen, daß er
von Sinnen ist? –,
und auf der Straße steigen immer wieder Frauen
in die Taxen,
alle mit der gleichen Bewegung,
mit der sie den Kopf einziehen und dann hinter
sich den Mantel festklemmen:
allmählich malt man sich diese verschiedenen
Frauen
schon als etwas Mythisches aus
– altes Schluckauf seinstrunkener Poeten –:
als eine Frau mit Wasser in den Beinen einsteigt,
mühseliger als die andern,
und heilsam das leichtfertige BILD zerstört . . .
Und womit kehrst du am Abend nach Haus
zurück? –
Mit solchen Anblicken zum Beispiel, antwortet
der Anblicksammler stolz.

Und wie ordnest du sie? –
Weil die Angst vor dem Unsinn vorbei ist,
brauchen sie keine Ordnung mehr.
Und der eigene Eindruck? –
Weil der Unsinn vorbei ist, ist der Anblick
zugleich schon der Eindruck geworden.
Und die eigene Sprache? –
Wenn ich was sehe, sage ich nur noch: O Gott!
oder: Nein!
oder: Ach!
oder rufe einfach aus: Der Abendhimmel!
oder wimmere, leise . . .
Und doch –
Vorsicht vor der Musik der Welt!
Vorsicht vor dem glücklichen Ende!
Denn auch als damals der unbeschreibliche
Tag kam,
war man gewarnt von den früheren unbeschreiblichen Tagen,
wie im Märchen, bevor man sich auf den Weg
durch den Wald macht,
von der guten Fee oder dem sprechenden Tier,
– und muß dann doch, wie im Märchen,
die Warnung wieder vergessen haben.
Wenigstens, statt ans allzu anekdotische Glück,
hält man sich an den Moment,
als der Unsinn nachließ und die neue Vertraut-
heit als Schmerz gefühlt wurde.

117

Schon melden sich die Träume an.

Schon sind sie da:

Eine große rote Kirsche fällt langsam an einem vorbei den Liftschacht hinunter.

Am Ende der langen Häuserreihe steht mitten auf der Straße ein Hirsch.

– Und wenigstens ist, wie im Schlager, die Zeit zum Träumen wiedergekommen.

– Und wenigstens die Zeit, in der man träumen kann, ist eine vernünftige Zeit.

Schon nickt man auf der Straße sich selber zu und schüttelt den Kopf;

kaut, wie als Kind, vor dem Einschlafen einen Apfel im Bett;

geht mitten durch eine Pfütze durch

und sagt für »Karussell« wieder »Ringelspiel«...

An einem kalten, hellen Morgen,

noch beatmet von einem langen,

beseligenden Traum,

in dem man das war,

was man sein kann,

– der Traum war selber schon die Erfüllung –

kriegt man beim Anblick des weiten Himmels hinter dem Stadtrand zum ersten Mal die Lust, alt zu werden,

und vor einem Kind,

das einen anschaut,

nachdem es ein Glas umgeworfen hat,

denkt man,
wenn das Kind einen nicht mehr so anschauen
müßte,
das könnte das Wahre sein.

Nachweise

»*Somewhere I lost connection . . .*«

1. *Leben ohne Poesie:* dieses Gedicht ist geschrieben im Oktober/November 1972, wurde veröffentlicht am 31. 12. 1972 in der SÜDDEUTSCHEN ZEITUNG.

2. *Was soll ich dazu sagen?* geschrieben im März 1973, veröffentlicht im Mai 1973 in der NEUEN FREIEN PRESSE, Wien.

3. *Die offenen Geheimnisse der Technokratie:* geschrieben Mai 1973, veröffentlicht im Juni- und Juli-Heft der NEUEN FREIEN PRESSE.

4. *Die Reise nach La Défense:* 22. 2. 1974.

5. *Blaues Gedicht:* geschrieben im Juni 1973, veröffentlicht im September 1973 in der Zeitschrift MERKUR und in der Anthologie DAHEIM IST DAHEIM des Residenz Verlags, Salzburg.

6. *Die Geborgenheit unter der Schädeldecke:* das ist der Text, den ich zum Büchnerpreis geschrieben habe, im September und Oktober 1973. Veröffentlicht wurde er am 27. Oktober 1973 in der SÜDDEUTSCHEN ZEITUNG.

7. *Jemand anderer: Hermann Lenz:* geschrieben im Oktober und November 1973, veröffentlicht am 22. 12. 1973 in der SÜDDEUTSCHEN ZEITUNG (für 825 Mark gegen 2 Monate Arbeit).

8. *Eine Zwischenbemerkung über die Angst:* geschrieben im Januar 1974 in Paris, veröffentlicht im Märzheft der deutschen Ausgabe der Zeitschrift PLAYBOY.

9. *Die Sinnlosigkeit und das Glück:* dieses Gedicht ist geschrieben im Januar/Februar 1974. Walking to New Orleans . . .

Inhalt

Zeittafel

1942 in Griffen/Kärnten geboren.

1944–1948 lebt er in Berlin. Dann Volksschule in Griffen.

1954–1959 als Internatsschüler Besuch des humanistischen Gymnasiums. Die letzten zwei Jahre in Klagenfurt.

1961–1965 Studium der Rechtswissenschaften in Graz.

1963–1964 *Die Hornissen* (Graz, Krk/Jugoslawien, Kärnten).

1964–1965 *Sprechstücke* (Graz). Umzug nach Düsseldorf.

1963–1966 *Begrüßung des Aufsichtsrats* (Graz, Düsseldorf).

1965–1966 *Der Hausierer* (Graz, Düsseldorf).

1967 *Kaspar* (Düsseldorf).

1968 *Das Mündel will Vormund sein* (Düsseldorf)

1965–1968 *Die Innenwelt der Außenwelt der Innenwelt* (Graz, Düsseldorf). Umzug nach Berlin.

1969 *Die Angst des Tormanns beim Elfmeter* (Berlin).

Quodlibet (Berlin, Basel).

Umzug nach Paris.

1968–1970 *Hörspiele* (Düsseldorf, Berlin, Paris).

1970 *Chronik der laufenden Ereignisse* (Paris).

Der Ritt über den Bodensee (Paris).

1971 *Der kurze Brief zum langen Abschied* (Köln).

Umzug nach Kronberg.

1972 *Wunschloses Unglück* (Kronberg).

1973 *Die Unvernünftigen sterben aus* (Kronberg).

Umzug nach Paris.

1972–1974 *Als das Wünschen noch geholfen hat* (Kronberg, Paris).

1974 *Die Stunde der wahren Empfindung* (Paris).

Über Peter Handke

Herausgegeben von Michael Scharang
edition suhrkamp 518

Der Band enthält neben zahlreichen Rezensionen zu allen
Werken von Peter Handke folgende Beiträge:

Michael Springer, Im Internat

Peter Laemmle, Literarischer Positivismus: Die verdinglichte
Außenwelt

Hilde Rubinstein, A propos Handke ...

Klaus Hoffer, »Allgemeine Betrachtungen« (zu Handkes ›kurzem Brief‹)

Jörg Zeller, Handkes Stellung zur Sprache

lutz holzinger, handkes hörspiele

Heinz Ludwig Arnold, Innovation und Irritation als Prinzip.
Zu Peter Handkes »Kaspar«

Mechthild Blanke, Zu Handkes »Kaspar«

Herbert Gamper, Bemerkungen zum Stück »Der Ritt über den
Bodensee«

Peter Hamm/Peter Handke, Der neueste Fall von deutscher
Innerlichkeit

Stellungnahmen junger österreichischer Autoren zu Peter Handke
(Peter Matejka, Manfred Chobot, Hans Trummer)

Wolfgang Werth, Handke von Handke

Ernst Wendt, Handke 1966–71

Der Band wird beschlossen durch eine umfangreiche »Peter-
Handke-Bibliographie« von Harald Müller.

st 238 Dietrich Hofmann (Hrsg.), Schwangerschaftsunter-
brechung. Aktuelle Überlegungen zur Reform des § 218
352 Seiten
Dem vorliegenden Band geht es darum, der Vielfalt und
der Unterschiedlichkeit der Auffassungen Rechnung zu
tragen, welche die Position der verschiedensten Berufe,
Kräfte und Gruppierungen unseres Landes kennzeichnen.
Der Anspruch auf Sachlichkeit basiert auf der Klarstel-
lung naturwissenschaftlicher, medizinischer Erkenntnisse,
der Erkenntnisse eines Juristen, eines Moraltheologen,
eines Soziologen und eines Psychiaters.

st 239 Bis hierher und nicht weiter
Ist die menschliche Aggression unbefriedbar?
Zwölf Beiträge. Herausgegeben von Alexander
Mitscherlich
»Mitscherlich und mit ihm die Autoren dieses Bandes
sehen heute die Aufgabe vor sich, jenseits aller ›Kollekti-
vierungsmethoden‹ mit ihrem äußeren Feindbild und jenseits aller Tabuisierung durch herrschende Gruppen den
einzelnen über seine Aggressionen aufzuklären, ihn erst
einmal so weit zu bringen, daß er die Aggression erkennt,
sie zugibt, mit ihr zu leben lernt . . . Das Ergebnis ist
ein Buch, in dem wie niemals zuvor die gegenwärtige
Diskussion zusammengefaßt ist.« *Karsten Plog*

st 240 Hermann Hesse, Lektüre für Minuten. Gedanken
aus seinen Büchern und Briefen. Neue Folge. Hrsg. von
Volker Michels
224 Seiten
Die editorische Sichtung des umfangreichen Nachlasses
und der in der Zwischenzeit neuaufgefundenen Briefe

Hesses hat so viel neues Material zutage gefördert, daß es möglich und notwendig geworden ist, diesen Fortsetzungsband vorzulegen, um einmal mehr die Brisanz und zeitlose Aktualität der gedanklichen Basis des Hesseschen Œuvres zu dokumentieren und die Frage zu beantworten, was diesen Schriftsteller zum meistgelesenen europäischen Autor in den USA und in Japan gemacht hat.

st 241 Wolfgang Koeppen, Der Tod in Rom. Roman
192 Seiten
Der Tod in Rom ist die Geschichte einer Handvoll Menschen, die nach dem Krieg in Rom zusammentreffen: Opfer, Täter, Vorbereiter und Nachgeborene des Schreckens. Rom, die Stadt Cäsars und Mussolinis, die Heilige Stadt und die Stätte zweideutiger Vergnügungen, bringt die Vergangenheit dieser Männer und Frauen ans Licht. Koeppen beschreibt in diesem Zeitroman die verborgenen Krankheiten der deutschen Seele.

st 242 E. Y. Meyer, Eine entfernte Ähnlichkeit.
Erzählungen
154 Seiten
»Meyer denkt also klar, er denkt ernsthaft und verbindlich, er scheut vor dem Simplen nicht zurück, er ist in einem wohltuenden Sinne menschenfreundlich: und dies alles nicht theoretisierend, sondern so, daß er etwas erzählt, das ich womöglich auch erzählt haben könnte. Ich bin, wie gesagt, befangen, weil ganz und gar eingenommen. Ich wünschte, vielen ginge es so.«
Rolf Vollmann, Stuttgarter Zeitung

st 243 Erich Heller, Thomas Mann.
Der ironische Deutsche
364 Seiten
Diese große kritische Studie handelt von der Dichtung, nicht vom Leben Thomas Manns. Nicht Vollständigkeit ist ihr Ziel, sondern Analyse des Wesentlichen, Entscheidenden. In sechs weitangelegten Kapiteln führt Heller den Leser durch das Werk Thomas Manns. Im Mittelpunkt steht jeweils eines der Hauptwerke, dem Zugehöriges zugeordnet ist. Die Einheit des Werkes von Thomas

Mann wird sichtbar, seine Verknüpfung mit Vorhergehendem und Gleichzeitigem deutlich.

st 244 Dolf Sternberger, Gerechtigkeit für das neunzehnte Jahrhundert. Zehn historische Studien
192 Seiten
Sternberger zählt zu den Pionieren der Wiederentdeckung des neunzehnten Jahrhunderts. Dieses Jahrhundert ist die Epoche eines erneuerten Imperialismus der europäischen Großmächte, aber auch die Epoche der Sklavenbefreiung und aller Emanzipationsbewegungen. Es ist die Epoche der industriellen Verelendung, aber auch der Fabrikgesetze und der Sozialversicherung, des Nationalismus wie des Internationalismus, der bürgerlichen Vorherrschaft wie der Arbeiterbewegung.

st 245 Hartmut von Hentig, Die Sache und die Demokratie. Drei Abhandlungen zum Verhältnis von Einsicht und Herrschaft
138 Seiten
Man spricht von »Tendenzwende« und meint damit: das Ende des Traums von der Reform der Gesellschaft, die große Ernüchterung oder in den Formeln von Hentig: die Wiederherstellung der Sachgesetze gegenüber der Demokratie. Die Hoffnung der verunsicherten Menschen bleibt bei einem *common sense,* der beides vermag: sich der zunehmenden Sachkompetenz zu bedienen und sich von ihr wieder zu trennen, wo sie nur sachlich, unverständlich, unmenschlich wird. Die Weise, in der sich *common sense* organisiert, ist die Demokratie.

st 246 Hermann Broch, Schriften zur Literatur.
st 247 Kommentierte Werkausgabe, herausgegeben von Paul Michael Lützeler
Bd. 1 – Kritik, 432 Seiten
Bd. 2 – Theorie, 336 Seiten
Band 1 enthält Schriftstellerporträts – Thomas Mann, Karl Kraus, Elias Canetti, James Joyce, Robert Musil, Hugo von Hofmannsthal u. a. – sowie Rezensionen und Würdigungen der Werke von Alfred Polgar, Kasimir Edschmid, Charles Baudelaire, Aubrey Beardsley u. a., während Band 2 die thoretischen Schriften zusammenfaßt. Diese Ausgabe vermittelt erstmals ein vollständiges

Bild des Dichters, Literaturtheoretikers, Politologen, Massenpsychologen und Geschichtsphilosophen Broch.

st 248 Samuel Beckett, Glückliche Tage. Dreisprachig
Deutsch von E. und E. Tophoven
112 Seiten
»Beckett verärgert die Leute stets durch seine Ehrlichkeit... Er zeigt, es gibt keinen Ausweg, und das ist natürlich irritierend, weil es tatsächlich keinen Ausweg gibt... Unser fortgesetzter Wunsch nach Optimismus ist unsere schlimmste Ausflucht.« *Peter Brook*

st 249 Uwe Johnson, Berliner Sachen. Aufsätze
128 Seiten
Berliner Stadtbahn, aus dem Sommer von ausgerechnet 1961, dieser Aufsatz wird ja manchmal verlangt, dann war er nicht zu haben. Das soll von Anständen beim Schreiben handeln, dabei geht der Verfasser keinen Schritt von der S-Bahn runter. Wie, das könnte man hier nachlesen. Auch die Anstände, die Johnson mit den Westberlinern hatte, als sie die S-Bahn auszuhungern gedachten; damals zitierten die ostdeutschen Verwalter des Verkehrsmittels ihn gern. Skandal machten sie erst, als derselbe Text in einem Buch an die Teilnehmer der letzten Olympiade verschenkt werden sollte. Unerfindlich, außer, man sieht sich das an.

st 250 Erste Lese-Erlebnisse
Herausgegeben von Siegfried Unseld
160 Seiten
»Wie war jene erste Begegnung mit Literatur?«, so wurden Autoren befragt. Das Thema Erste Lese-Erlebnisse ist von Belang. Für den, der schreibt, wie für den, der liest. Für den also, der sich seines Weges durch Literatur bewußt wird. Vor allem jedoch für den jungen Leser, der dringlicher denn je der Orientierung, Anregung und Ermutigung bedarf.

st 251 Bertolt Brecht, Gedichte
Ausgewählt von Autoren
Mit einem Geleitwort von Ernst Bloch
154 Seiten
Deutschsprachige Autoren haben jene drei Gedichte ge-

nannt, die für ihr Denken und Handeln wichtig geworden sind. Aus dieser Zusammenstellung – von Volker Braun, H. M. Enzensberger, Max Frisch, Siegfried Lenz, Friederike Mayröcker, Anna Seghers u. a. – ergibt sich eine erneute Wirkungsebene der Lyrik Brechts und gleichzeitig ein Bild seiner Gegenwärtigkeit.

st 252 Hermann Hesse, Eine Literaturgeschichte
in Rezensionen und Aufsätzen
Herausgegeben von Volker Michels
588 Seiten
Es gibt kaum einen »Klassiker der Moderne«, auf den nicht Hesse als einer der allerersten publizistisch hingewiesen hätte.
Besprechungen der frühesten Werke der Weltliteratur bis hin zu den Schriften zeitgenössischer Autoren (Max Frisch, Arno Schmidt, Peter Weiss) ergeben eine Literaturgeschichte in Rezensionen und Aufsätzen.

st 253 James Joyce, Briefe
Ausgewählt aus der dreibändigen, von Richard Ellmann edierten Ausgabe von Rudolf Hartung
Deutsch von Kurt Heinrich Hansen
272 Seiten
Der Herausgeber dieses Bandes war bestrebt, die Auswahl aus der riesigen Korrespondenz so vorzunehmen, daß alle wesentlichen Problemkreise und die wichtigsten menschlichen Beziehungen angemessen repräsentiert wurden.
»Die Briefe bilden eine Art Ergänzung zum Schöpfungskomplex des großen irischen Schriftstellers, ja, man könnte sagen, sie verstünden sich fast als Kommentar dazu.«
Werner Helwig

st 254 Ödön von Horváth, Die stille Revolution.
Kleine Prosa
Mit einem Nachwort von Franz Werfel. Zusammengestellt von Traugott Krischke
106 Seiten
Auch mit diesen kurzen, zum Teil skizzenhaften und fragmentarischen Arbeiten erweist sich Horváth als ein

scharfsinniger Kritiker nicht nur seiner, sondern auch unserer Zeit, der – vorausahnend – das bereits gestaltet hat, was uns heute bewegt.

st 255 Hans Erich Nossack
Um es kurz zu machen. Miniaturen
Zusammengestellt von Christof Schmid
120 Seiten
Nossack ist ein Meister der kurzen Form. Seine Erzählungen und Romane enthalten eine Vielzahl in sich geschlossener Miniaturen. Solche Etüden und Miniaturen, die bisher nicht, an apokryphen Plätzen oder in Sammelbänden veröffentlicht waren, sammelt der vorliegende Band. Diese kurzen Texte, geschrieben in den Jahren zwischen 1946 und 1974, vermitteln in Minutenbildern Quintessenzen einer langen literarischen Biographie.

st 257 Thomas Bernhard, Die Salzburger Stücke
Der Ignorant und der Wahnsinnige.
Die Macht der Gewohnheit
202 Seiten
Thomas Bernhards »Salzburger Stücke« sind über den äußeren Anlaß hinaus – sie wurden in Salzburg uraufgeführt – sowohl inhaltlich als auch formal an die Stadt und ihre Festspiele gebunden. Eine musikalisch-künstlerische Tätigkeit auszuüben, sie perfekt auszuüben, das ist das Thema, das Bernhard in beiden Stücken anschlägt. Die künstlerische Perfektion als Kompensation für die Unvollkommenheit der Welt, als Kontrapunkt der Notwendigkeit zum Tode ist es, die Bernhard in seinen Figuren thematisiert.

st 258 Peter Handke, Falsche Bewegung
Filmbuch
84 Seiten
Handke erzählt in seinem Filmbuch, frei nach Goethes »Wilhelm Meisters Lehrjahre«, eine klassische Entwicklungs- und Bildungsgeschichte.
»So genau sind noch nie die Neurosen der siebziger Jahre beschrieben, die Zweifel an der Veränderbarkeit statischer Verhältnisse durch politische Aktion, die resignativen Skrupel in bezug auf eine ordentliche Beschreibung unordentlicher Verhältnisse.« *Die Zeit*

st 259 Franz Xaver Kroetz, Gesammelte Stücke
504 Seiten
Inhalt: Wildwechsel; Heimarbeit; Hartnäckig; Männer-
sache; Lieber Fritz; Stallerhof; Geisterbahn; Wunsch-
konzert; Michis Blut; Dolomitenstadt Lienz; Oberöster-
reich; Maria Magdalena; Münchner Kindl.
»Es ist grandios, wie Kroetz in den unprätentiösen Dia-
lekt-Dialogen immer an den richtigen Stellen das Rich-
tige sagen läßt.« *FAZ*

st 260 Peter Suhrkamp. Zur Biographie eines Verlegers
in Daten, Dokumenten und Bildern
vorgelegt von Siegfried Unseld unter Mitwirkung von
Helene Ritzerfeld
246 Seiten.
Am 1. Juli 1950 gründete Peter Suhrkamp seinen eigenen
Verlag. Aus Anlaß des 25jährigen Bestehens wurden
Zeugnisse und Dokumente, Daten und Bilder seines Lebens und seiner Arbeit gesammelt. Aus den Mosaikstei-
nen dieses Bandes ergibt sich der Weg Peter Suhrkamps,
der unbeabsichtigt und doch konsequent zu seinem Ziele
führte: »mein Beruf – dieser schöne Verlegerberuf«. Seine
Biographie ist ein Stück Zeit-, Literatur- und Verlags-
geschichte.

st 262 Herbert Achternbusch, Happy
oder Der Tag wird kommen. Roman
170 Seiten
»Das ist ein Heimat- und Familienroman, ein Reiseroman, eine Geschichte über das Lieben und ein Buch
über das Kino ... Ein Heimatroman über eine Heimat,
die einem Angst macht – und ein Reiseroman von Reisen
dorthin, wo die Geschichten einfacher, klarer, schöner
sind. Reisen mit dem Kopf: von Bayern nach Bali oder
zum Sambesi oder Reisen in eine noch traumhaftere
Traumwelt – ins Kino, in den Western. Und immer wieder Herbert Achternbusch und die Liebe: es sind die
schönsten, spukhaftesten, verworrensten Liebesgeschich-
ten, die er bisher geschrieben hat.« *Die Zeit*

st 263 Adolf Muschg, Im Sommer des Hasen. Roman
318 Seiten
»Die Geschichte enthält Momente von ungewöhnlicher

psychologischer Finesse und Töne, die innig und doch niemals innerlich sind ... Abermals erweist es sich, daß man eine erotische Geschichte deutlich und genau erzählen kann, ohne deshalb indiskret oder gar brutal zu wirken.« *Marcel Reich-Ranicki*

st 264 Hermann Kasack, Fälschungen. Erzählung
256 Seiten
Kasack erzählt die Geschichte einer Kunstfälschung, der ein deutscher Industrieller und Sammler zum Opfer fällt. Die Konsequenz, die der Sammer für sich aus der Erfahrung zieht, daß niemand mehr ein verläßliches Gefühl für die alten Kunstwerke besitzt, ist zugleich eine innere Läuterung: ihm wird die Lebensfälschung sichtbar, der er selbst unterlag.

st 265 Fritz Rudolf Fries, Der Weg nach Oobliadooh. Roman
232 Seiten
Die jungen Leute, die diesen Roman bevölkern, leben im Leipzig der fünfziger Jahre. Sie hängen ihren eigenen Sehnsüchten nach und pfeifen auf die strengen Riten der Gesellschaftsordnung. Sie folgen der Verführung des Westens, der sich ihnen in Oobliadooh, einem Schlager von Dizzy Gillespie entnommen, symbolisiert. Doch kehren sie bald von ihrem Ausflug zurück.

st 266 Walter Höllerer, Die Elephantenuhr. Roman
Vom Autor gekürzte Ausgabe
ca. 400 Seiten
»Höllerer schreibt einen stellenweise furios zeit- und gesellschaftskritischen Roman über das Deutschland dieser Jahre, mit bemerkenswerten Kapiteln über das Verhältnis der beiden Staaten in Deutschland oder über die Identitätsneurose in beiden Teilen Berlins, mit satirisch funkelnden Skizzen über die Zustände an den Universitäten ...« *Rolf Michaelis*

st 267 Ernst Penzoldt, Die Kunst, das Leben zu lieben und andere Betrachtungen
Ausgewählt von Volker Michels
144 Seiten
Diese Auswahl aus den Bänden *Causerien* und *Die Lie-*

bende versammelt 25 Betrachtungen von zeitloser Aktualität. Zwei Jahrzehnte nach Penzoldts Tod erinnert der Band damit an einen in der Literatur unseres Jahrhunderts nicht eben häufigen Autorentypus, der bei aller Sympathie für das Rebellische, bei allem Spott gegen das Inhumane, Routinierte und Überlebte, bei allem Esprit und übermütigem Witz nie das Naheliegende übersehen oder es einer Tendenz zuliebe unterdrückt hat.

st 268 Materialien zu Alfred Döblin
›Berlin Alexanderplatz‹
Herausgegeben von Matthias Prangel
272 Seiten
Döblin hatte seinen größten Erfolg mit dem 1929 erschienenen *Berlin Alexanderplatz* (Bibliothek Suhrkamp 451). Zu diesem Buch stellt der Materialienband Dokumente der Entstehung und Wirkung zusammen. Neben Vorformen, Passagen früherer Fassungen des Werks und dem vollständigen Hörspieltext stehen Selbstzeugnisse des Autors, zeitgenössische Rezensionen und wissenschaftliche Arbeiten, die den derzeitigen Forschungsstand umreißen sollen.

st 269 Fritz J. Raddatz. Traditionen und Tendenzen.
Materialien zur Literatur der DDR. Erweiterte Ausgabe
ca. 700 Seiten
»Der Raddatz« (*Peter Wapnewski* in der *Zeit*) gilt als verläßlichste, brauchbarste Information über die DDR-Literatur wie zugleich als kritisch-selektive Analyse eines kenntnisreichen Literaturhistorikers. Raddatz hat seine Studie auf den neuesten Stand gebracht, die Bibliographie wurde erweitert und erfaßt die Primär- und Sekundärliteratur bis 1975. Was hier vorliegt, ist Lesebuch und Arbeitsmaterial zugleich.

st 270 Erhart Kästner, Der Hund in der Sonne
und andere Prosa
Aus dem Nachlaß
Herausgegeben von Heinrich Gremmels
160 Seiten
Alle Bücher Kästners sind byzantinischen Mosaiken vergleichbar, und so bot sich an, die literarischen Fragmente ebenfalls mosaikartig zu ordnen. *Im erstenTeil* geht es

um Begriffe wie Wissenschaft, Technik, Verbrauch, also um Kästners leidenschaftlichen Umgang mit dem Wesen der modernen Zivilisation. *Im zweiten Teil* folgen wir ihm auf das Erlebnisfeld zwischen Vergangenheit und Zukunft, geschichtlicher, also erlebter und gemessener, also abstrakter Zeit bis hin zu den Grenzproblemen des Todes. *Im dritten Teil* kommt der Zeitgenosse ins Bild in seinen verschiedenen Aspekten als Habenichts, Wohlständler, Langweiler, als Schweiger, Künstler, Einsiedler. Nicht Modelle des täglichen Lebens sind gemeint, sondern Symbolgestalten des Zeitgeistes.

st 278 Czesław Miłosz, Verführtes Denken
Mit einem Vorwort von Karl Jaspers
256 Seiten
Miłosz, zwar nicht Kommunist, aber zeitweilig als polnischer Diplomat in Paris, beschreibt die ungeheure Faszination des Kommunismus auf Intellektuelle. Er stellt sich als Gegenspieler marxistischer Dialektiker vor, deren Argumente von höchstem Niveau und bezwingender Logik sind. Was der konsequente totalitäre Staat dem Menschen antut, zeigt Miłosz in einer Weise, die den Menschen am äußersten Rand einer preisgegebenen Existenz wiederfindet. Von solcher Vision beschreibt der Autor ohne Haß, wenn auch mit satirischen Zügen, die Entwicklung von vier Dichtern, die aus Enttäuschung, Verzweiflung, Überzeugung oder Anpassung zu Propagandisten werden konnten.

st 279 Harry Martinson, Die Nesseln blühen
Roman
320 Seiten
Dieser Roman des Nobelpreisträgers für Literatur 1974 erzählt die Geschichte einer Kindheit. In fünf Kapiteln stehen sich Menschen in der Unordnung von Zeit und selbstgerechten Gewohnheiten gegenüber. Von der Kinderversteigerung geht der Weg Martin Tomassons durch die Schemenhöfe der Furcht, des Selbstmitleids und der Verlassenheit, bis ein fremder Tod ihn aus dieser Scheinwelt stößt. Zuletzt kommt Martin als Arbeitsjunge ins Siechenheim. In dieser Welt des Alterns, der Schwäche, der Resignation regiert der schmerzvolle Friede der Armut. Martin klammert sich an Fräulein Tyra, die Vor-

steherin. Ihr Tod liefert ihn endgültig dem Erwachen aus.

st 281 Harry Martinson, Der Weg hinaus
Roman
362 Seiten
Dieser Band setzt die Geschichte des Martin Tomasson fort. Das ist Martins Problem: die Bauern, bei denen er als Hütejunge arbeitet, beuten seine Arbeitskraft aus. Er wird mit Gleichgültigkeit behandelt, die Gleichaltrigen verhöhnen ihn mit kindlicher Grausamkeit. Ihm bleibt nur die Flucht ins »Gedankenspiel«, in eine Scheinwelt, aufgebaut aus der Lektüre von Märchen und Abenteuergeschichten. Die Zukunft, von der Martin sich alles erhofft, beginnt trübe: der Erste Weltkrieg ist ausgebrochen. Der Dreizehnjährige schlägt sich bettelnd durchs Land, um zur Küste zu kommen. Immer in Gefahr, aufgegriffen zu werden, erreicht er zu guter Letzt eine der Seestädte.

st 285 Kurt Weill, Ausgewählte Schriften
Herausgegeben mit einem Vorwort von David Drew
240 Seiten
Dieser Band druckt Weills eigene in wichtigen Musikzeitschriften veröffentlichte Beiträge wieder ab. Darüber hinaus bringt er zum ersten Mal eine Auswahl aus etwa 400 Artikeln, die Weill in den Jahren 1925–1929 für die Berliner Wochenzeitschrift *Der Berliner Rundfunk* schrieb. Diese Aufsätze zum Thema Rundfunk sind eine wichtige Ergänzung zu den theoretischen Aufsätzen, in denen Weill sich zu Funktion und Wirkung des Musiktheaters in einer modernen Gesellschaft äußert und die Aspekte seiner Zusammenarbeit mit Georg Kaiser, Bertolt Brecht und Caspar Neher untersucht.

teilt, ist nichts andres als das hoffnungsbestimmte poetische Denken, das die Welt immer wieder neu anfangen läßt, wenn ich sie in meiner Verstocktheit schon für versiegelt hielt, und es ist auch der Grund des Selbstbewußtseins, mit dem ich schreibe. Wie wird man ein poetischer Mensch? Auf alle Fragen, auch auf diese, gibt es die schöne, zutreffende Antwort: Das ist eine lange Geschichte. Wenn ich jemandem Mitgefühl, soziale Aufmerksamkeit, Freundlichkeit und Geduld beibringen will, befremde ich ihn nicht mit der abendländischen Logik, sondern versuche ihm zu erzählen, wie es mir selber einmal ähnlich erging, das heißt, ich versuche, mich zu erinnern.

Lassen Sie mich also aus dieser kurzen Anstrengung zu den langen Geschichten zurückkehren. Der Deutschen Akademie für Sprache und Dichtung, der Stadt Darmstadt und dem Land Hessen danke ich für die Verleihung des Büchner-Preises und das Geld, das damit verbunden ist. Und Georg Büchner danke ich für mehr.

Dralle's Haarshampoo, mit Dr. Scholl's Hühneraugenpflaster versuchte ich einmal, eine Warze wegzukriegen. VEREINT GEIST UND POLITIK, hieß ein Spruchband zu den »Gesammelten Werken« von Carlo Schmid. Jeder dritte Deutsche ist Postsparer, jeder zehnte bei der HAMBURG-MANNHEIMER lebensversichert, jeder tausendste begeht Selbstmord. Die MelittaMüllbeutelpackung enthält zwanzig Müllbeutel, die Melitta-Gefrierbeutelpackung enthält fünfunddreißig Gefrierbeutel, die Melitta-Frischhaltepackung enthält vierzig Frischhaltebeutel. Welche Vielfalt der Erscheinungen.

Noch immer zu wenig Widersprüche . . . In seinem Arbeitsjournal schrieb Brecht am 31. 8. 44: »in augenblicken der verstörung fallen im gemüt die bestände auseinander wie die teile tödlich getroffener reiche. die verständigung zwischen den teilen hört auf (plötzlich wird deutlich, wie das ganze aus teilen besteht), sie haben nur noch die bedeutung, die sie für sich selber haben, das ist wenig bedeutung. es kann passieren, daß ich urplötzlich nicht mehr einen sinn in institutionen wie der musik oder auch der politik sehen kann, die nächststehenden wie fremde sehe usw. gesundheit besteht aus gleichgewicht.« Was Brecht hier, aus kleinlicher Angst vor der Sinnlosigkeit, als Krankheit und Verstörung abur-